AF292739

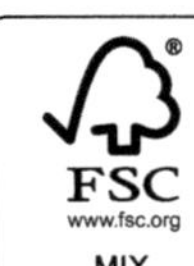

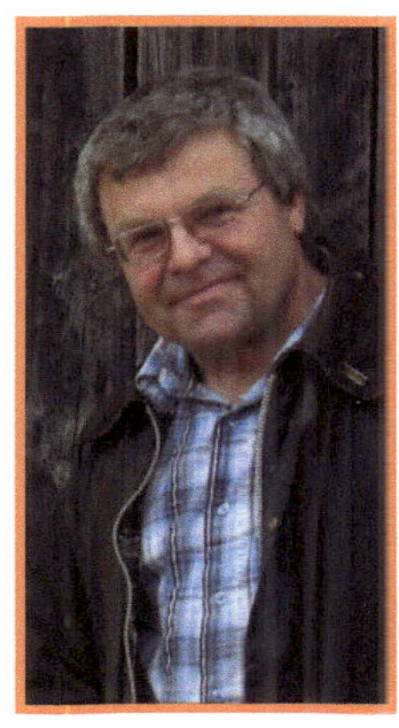

Paulo

Verse, Gedanken, Kurzgeschichten

Paulo: Bilder, Skulpturen, Friedens- und Umweltaktionen, land-art, Bücher

Impressum: © Texte, Fotos & Bilder:
Marco Paulo der Erdpate, Bad Tölz
Porträtbild: Foottoo.de und Paulo
www.erdpate.de, info@erdpate.de

Herstellung und Verlag: BoD- Books on Demand, Norderstedt
ISBN: 978-3-7528-4911-0

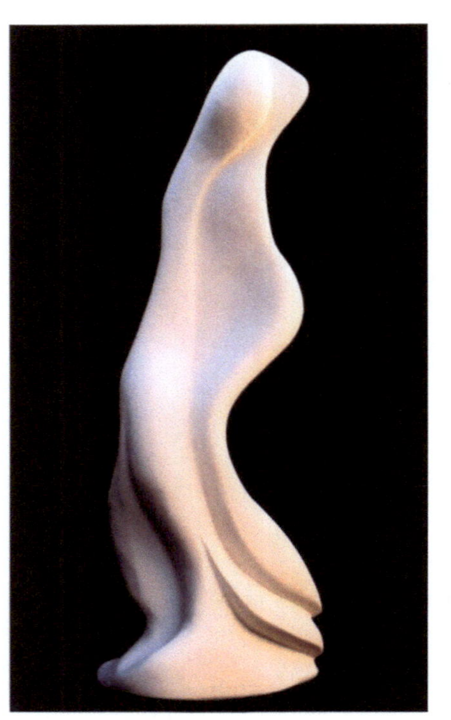

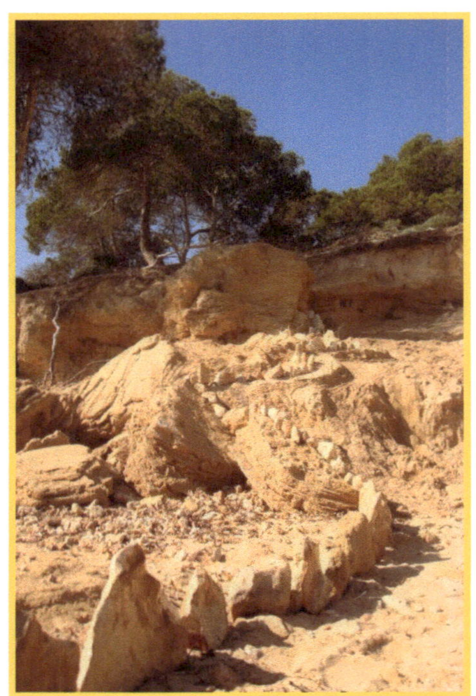

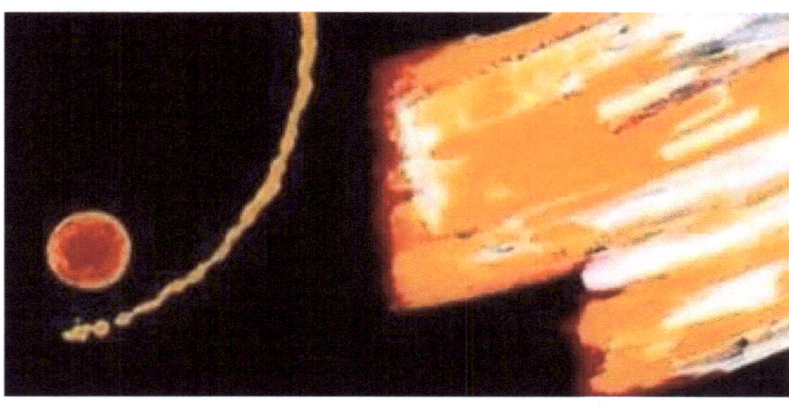

Gerade eben

Gerade eben war ich auf meiner ersten Party
Gerade eben feierte sie ihren 14. Geburtstag
Gerade eben hab ich meine erste große Liebe getroffen.
Gerade eben blickte ich das erste Mal in meinem Leben
in das Herz eines Menschen.
Gerade eben lagen wir uns das erste Mal im Arm.
Gerade eben haben wir Händchen gehalten
und uns stundenlang geküsst.
Gerade eben waren wir verliebt wie am ersten Tag.

Gerade eben sind wir das erste Mal zusammen in Urlaub gefahren.
Gerade eben zogen wir in unsere erste gemeinsame Wohnung.
Gerade eben besorgte ich eine Kanne Heizöl für den alten, einzigen Ölofen.

Gerade eben tauten die Eisblumen von der Fensterinnenseite
sie waren unsere Poster.
Gerade eben kauften wir von unserem letzten Geld Margarine und Scheibenbrot.
Gerade eben waren wir verliebt wie am ersten Tag.

Gerade eben haben wir unsere Ausbildung beendet
und fanden einen Job.
Gerade eben beschlossen wir eine Familie zu gründen.
Gerade eben war ich beim größten aller Wunder dabei.
Gerade eben durfte ich noch einmal dieses Wunder,
die Geburt eines Menschkindes unserer Kinder erleben.
Gerade eben schworen wir uns und unseren Kindern die ewige Treue bis in den
Tod.
Gerade eben waren wir verliebt wie am ersten Tag.

Gerade eben war ihr erster Kindergartentag.
Gerade eben wurden sie eingeschult.

Gerade eben waren wir verliebt wie am ersten Tag.
Gerade eben geht ein junger Bursche vor unserem Haus auf und ab

Gerade eben frag ich mich, was will dieser Kerl,   sie ist doch erst 15.
Gerade eben mache ich mir Sorgen, wohin sie ihr Weg zu so später Stunde führt.

Gerade eben kommt der kleine Schatz und sagt, schau mal was ich gefunden habe
Opa.
Gerade eben merke ich,wie reich mein Leben ist
und wie schnell die Zeit verging.

Gerade eben beschließe ich, dass ich sofort damit beginne stärker und noch
bewusster zu leben,
zu forschen,   zu fragen,
zu probieren,   zu spüren,   zu erleben.

Gerade eben stehe ich auf und sag meinem Nächsten,
wie schön es ist, mit ihm ein Stück zu gehen.

Gerade eben waren wir verliebt wie am ersten Tag.

Seh

Seh das Blatt
den Wind
den Berg
das Korn
den Fisch
die Glut
die Pracht
die Farben

Seh

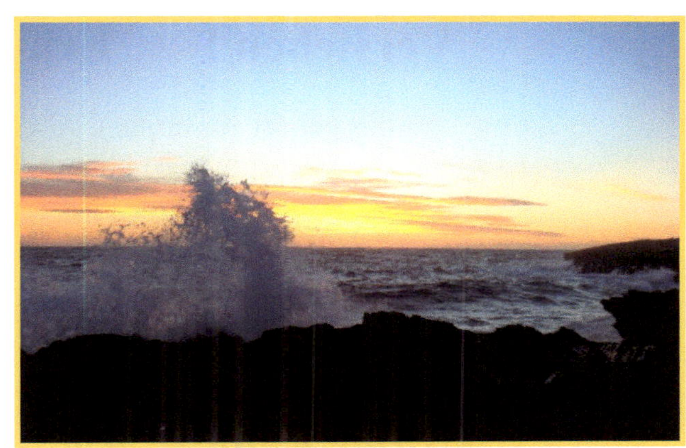

Seh die Blätter im Winde
den Berg im See
das Korn im Laib
den Fisch im Teich
die Glut im Feuer
die Pracht der Blüte
die Farben der Welt
Seh dass ich sehe
Seh das Glück zu sehen.

Verstehen !   Erkennen !

Alles gehört zusammen, Alles ist eins
Zusammen ist alles Alles
Einzeln ist alles Nichts
Nur die sichtbare Oberfläche
ist der Unterschied
zwischen allen Dingen und Lebewesen

Mutter Erde   Bruder Atem
Vater Wasser   Schwester Licht

Alles gehört zusammen   Alles
Wir sind nur ein Augenschlag in der Geschichte des Universums
Alles gehört zusammen
Erkenne das Leben
Erkenne das Zusammenleben zwischen
allen Dingen
Luft, Wasser, Erde, Sonne, Licht und Schatten Leben und Tod

Alles gehört zusammen, Alles ist eins Alles
Erkenne das Leben   Verstehe das Leben
Erkenne den Kreis   Erkenne, Verstehe
Erkenne alles
Verstehe

Understand!   Recoynis !

Everything belongs together   Everything is one
Together is everything everything
Alone is everything nothing The visible surface is
the difference between all things and creatures

Mother Earth   Brother Breath
Father Water   Sister Light

Everything belongs together   Everything
We are just a blink of the eye
in the story of the Universe

Everything belongs together Recognis Life
Recognise the togetherness of all things
Air   Water   Earth   Sun Light and Shadow
Life and death
Everything belongs together Everything is one Everything
Recognise life Understand life Recognise the circle Recognise
Understand
Recognise everything
Understand

Capire!   Coguere!

Tutto (Sta insiere) Si Appartiene
Insiere Tutto E\`´Tutto
Singolarmente Visibile E\` Nniente
La Superficie visible E \` unica differenza
Tra Tutto le cose e le creatture

Madre Erra Fratello Respiro
Padre Acqua   Sorella Luce

Tutto (Sta insiere) Si Appartiene   Tutto
Noi Siatto Soltanto un batter D\`occhio Nello
Stoia dew Universo Tutto (Sta insiere) Si Appartiene
Cogli la Vita Cogli la Vita Insieme
Tre Tutto le cose
Aria, Acqua, Terra, Sole, Wce e Ombra
Vita e Morte
Tutto (Sta insiere) Si Appartiene
Tutto E\`unoTutto Cogli la vita
Capisci la Vita Cogli il Cercho
Cogli Capisci
Cogli Tutto
Capisci

Anflug auf den Planeten Erde.

Protokoll einer Landung und Mitschnitte eines Funkspruchs zwischen Marie K. und ihrem ersten Offizier.

© Logbuch 17-1-20/10 Mitschnitt vom 17. Jan. 2010
Abgehört von Paul Krächan und Marco Paulo, Bilder empfangen über
Satelliten „Euro Cap II"

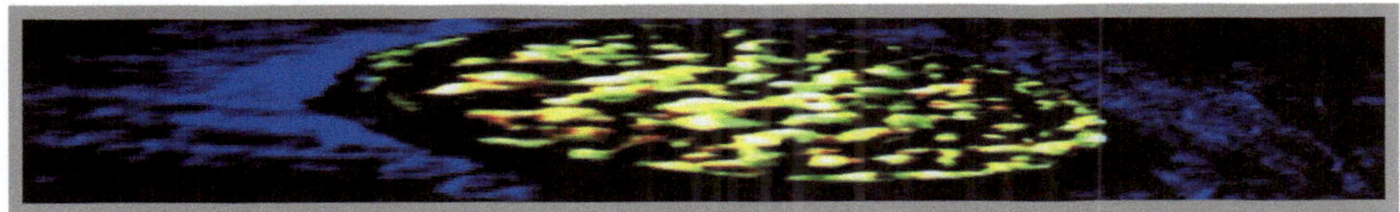

Die Konturen und Formen der Erde erscheinen auf diesem
Digitalbild sehr ungewöhnlich verformt, dies liegt, wie später
aus dem Bericht der NASA zu entnehmen war, an den
Verwirbelungen und der Sonnenstaubwolke, die sich seinerzeit
von der Sonne ausgehend im gesamten Universum ausbreitete.
Festzustellen ist, dass sich diese Staubwolke mit der Zunahme
der zurückgelegten Entfernung immer weiter auflöst. Es ist laut
NASA damit zu rechnen, dass sich dieses seltene Phänomen in
den nächsten Monaten im All vollständig verliert.

Marie K. und ihr erster Offizier befinden sich, nach einem
längeren Aufenthalt außerhalb ihres Orbits, im direkten Anflug
auf ihren Heimatplaneten.

Mit der Präzision eines Schweizer Uhrwerks werden Geschwindigkeit, Atmosphärischer Eintauchwinkel, Höhen- und Seitenruder, das hydraulische Fahrwerk, die weiteren Stütz- und Navigiervorrichtungen sowie die Steuerklappen fast schon automatisiert eingestellt.

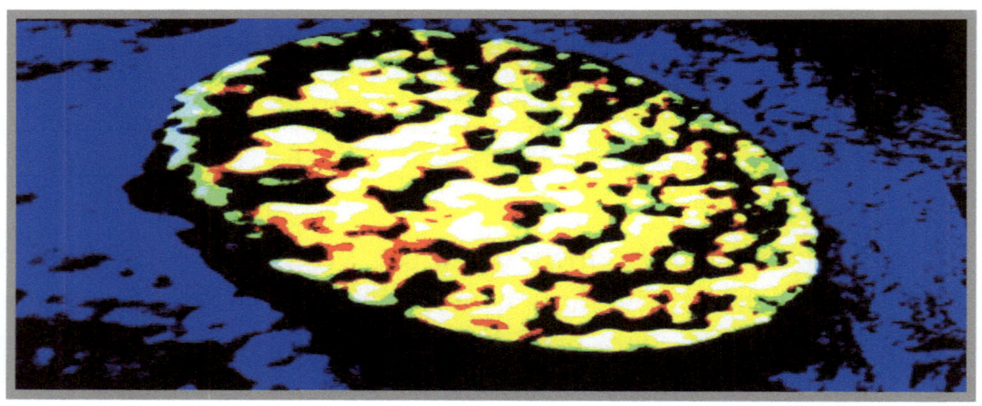

Auch alle anderen Checks und Prüfungen, und die Kontrollen der weiteren Funktionen die für eine sichere und sanfte Landung unabdingbar sind, werden auch dieses Manöver, wie schon die zahlreiche zuvor, erfolgreich zum Abschluss bringen. Nach der haargenauen und geglückten Landung auf dem vorgesehenen, aber unebenen Rollfeld,

verlieren Marie K. und ihr erster Offizier keine kostbare Zeit und machen sich sofort zielstrebig auf den Weg ihr direktes Umfeld zu erkunden.

Ihr Auftrag lautet:
Erkundung des Terrains, Auffinden von Wasser- und Nahrungsquellen und Aufspüren eventuell vorhandener unbekannter Lebensformen. Nachdem sie nichts Ungewöhnliches oder gar Befremdliches festgestellt haben, arbeiten sie fast schon gelangweilt routinemäßig ihre Checkliste durch.
Wasser: **Nein**
Nahrungsmittel: **Ja**
Unbekannter Lebensformen: **Nein**
Sonstige ungewöhnliche Ereignisse: **Keine**

Alles scheint in Ordnung.
Doch plötzlich zerreist ein schriller Funkspruch die Stille.
Der erste Offizier meldet sich bei Marie K.
Seine Stimme klingt beunruhigt, fast schon verängstigt unsicher.
„Erster Offizier an Marie K. bitte melden.“
„Hier Marie K. was gibt es?“
„Hier spricht der 1. Offizier: Marie K. Ich habe ein besonderes Anliegen, und muss Dir eine wichtige Frage stellen, weiß aber noch nicht, wie ich es dir sagen soll.
Marie K. ich muss da mal etwas loswerden.“
„Sag schon, was ist los bei dir. Gibt es irgendwelche Auffälligkeiten?“
„Nein hier scheint alles in Ordnung. Es hat jetzt nicht unbedingt mit unserer Landung hier zu tun. Trotzdem bin ich seit längerem

beunruhigt. Ich wollte dich schon die ganze Zeit auf eine bestimmte Problematik ansprechen, denn was ich vor kurzem gehört habe, beschäftigt mich doch sehr."

„Was gibt es, du weist, ich bin immer für dich da, du kannst dich mir jederzeit anvertrauen."

„Also es war so, ich habe mich vor einiger Zeit mit dem Bordingenieur Hansrüdiger vom zweiten Geschwader unterhalten."

„Ja und, den kenn ich, ein netter Bursche."

„Hansrüdiger hat mir erzählt, er habe nach seiner letzten Landung und einer ausführlichen Recherche seines Landungsgebietes eine sensationelle Entdeckung gemacht."

„Was hat er den so Sensationelles festgestellt?"

„Hansrüdiger behauptet und er sagt es so überzeugt, dass an seinen Äußerungen wohl kaum ein Zweifel besteht, Hansrüdiger behauptet..."

„Raus mit der Sprache, was behauptet er?"

„Er behauptet allen Ernstes, die Erde sei eine Scheibe".

„Ja und weiter"

„Na ja, ich hab mir das hier mal genauer angeschaut, wenn ich mich bis zum äußersten Rand diesem Hochplateau wage, und mich hier abseile, werde ich das Gefühl nicht los, Hansrüdiger hat Recht

„Ja klar hat er Recht, das weiß doch jeder
Kindergarten Marien- K.-äfer, komm wieder zurück,
Mama wartet schon mit dem Essen.“

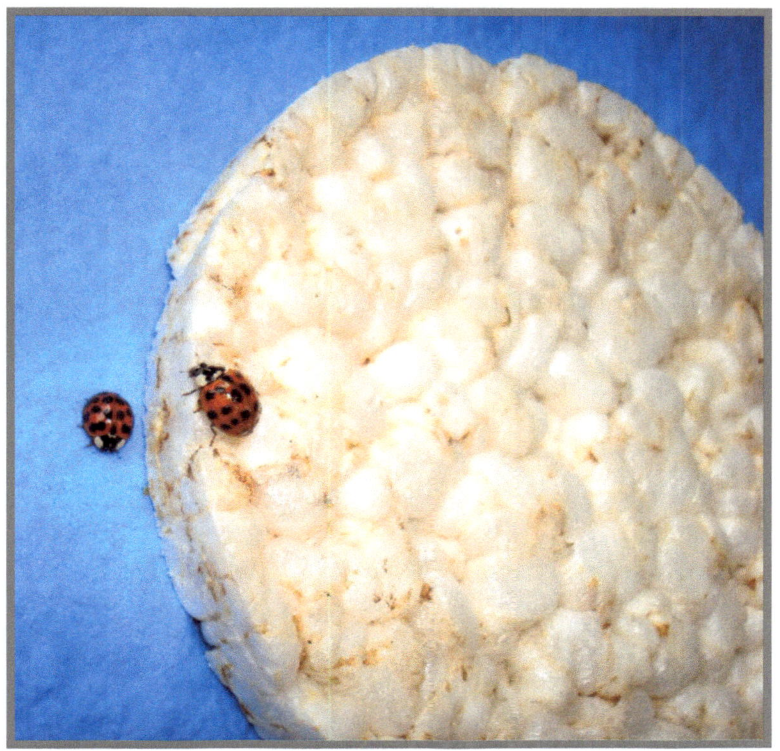

Marie K. Ende“.
Lockbuch 20/12 Mitschnitt vom 17. Jan. 2010,
Abgehört von Paul Krächan und Marco Paulo,
Bilder empfangen über Satelliten „Euro Cap II“ Anflug auf den Planeten Erde.
© Paulo

Herbst

Das Grün der Wälder ist verblasst,
des Vogel´s Singen fast verstummt,

des Acker´s Früchte längst vergangen,

Herbst zieht ein in dieser Tage.

Herbst nun auch an mich sich wagt,
zu tun bleibt noch für kurze Zeit,
so viel und doch nur manches noch,
vertan die lauen Sommertage.

Nov. 1987

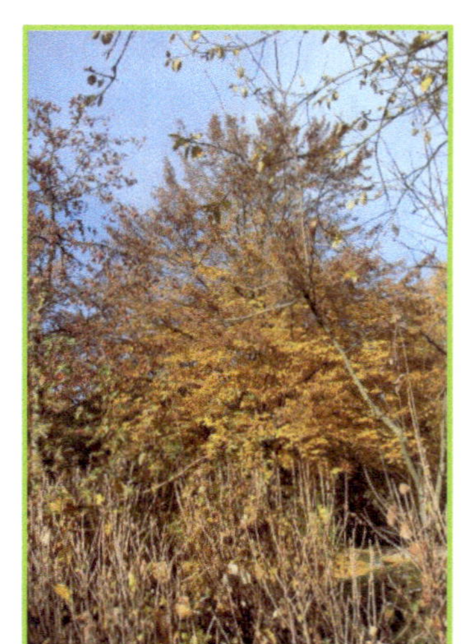

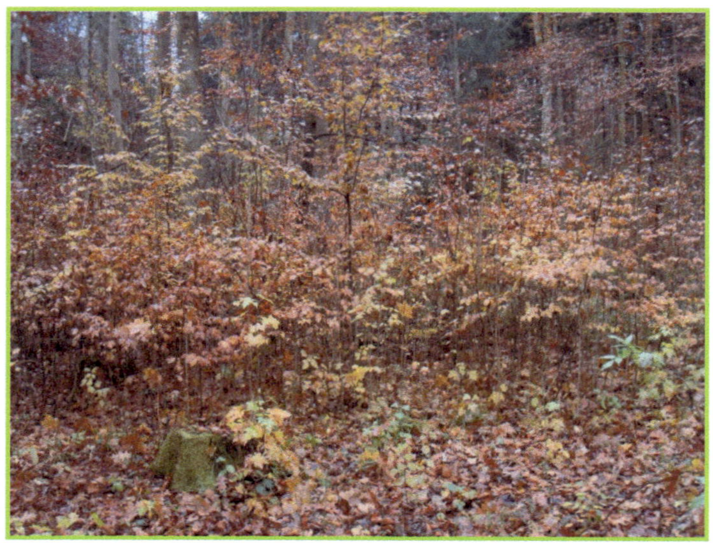

Gespräch mit meiner Nachbarin Frau Gruber.

Niederschrift einer wahren Begebenheit
Herbst 2009, 23. Oktober an einem Waldrand .
In dieser Geschichte geht es darum, dass etwas Bestimmtes gesucht wird. Und ich möchte alle einladen, mit zu suchen und zu überlegen, um was es sich handeln könnte und ob nicht auch jeder Einzelne von uns so etwas hat, hatte oder vielleicht sogar schon wiedergefunden hat.

Ich war gerade dabei am Waldrand Eicheln zu sammeln, als mich unsere Nachbarin, die gerade bei ihrem Spaziergang war, ansprach.

„Hallo Herr Nachbar, guten Tag, was machen Sie denn da?"

„Guten Tag Frau Gruber. Ich sammle Eicheln."

„Ah, Futter für die Schweine?"

„Nein, Material für die Kinder, für die nächsten Bastelkurse."

„Kurse für Kinder. Tolle Sache. Und wie geht es Ihnen denn sonst so?"

„Gut, nein ich kann sagen, mir geht es sogar sehr gut.

Und wie geht es Ihnen Frau Gruber?"

„Ach.", seufzt Frau Gruber, macht eine kleine Pause, um dann richtig loszulegen.

„Jetzt, wo Sie mich danach fragen. Mir geht es überhaupt nicht gut, ganz im Gegenteil, ich bin sogar total fertig."

Frau Grubers Gesichtszüge veränderten sich mit ihren ersten Worten, die Mundwinkel fielen herab, die bis dahin rötlich wirkenden Wangen verblassten und trübe, nur noch leicht geöffnete Augen blickten mich fast schon Hilfe suchend an.

„Manchmal…" fuhr Frau Gruber wenige Augenblicke später schluchzend fort:

„Manchmal glaube ich, mein Leben ist eine Achterbahn und ich sitze in einem dieser Waggons.

Berg auf, Berg ab, mit fünffachem Looping durch den Tag und ich habe Angst aus den schnellen Kurven zu fliegen und dabei krieg ich solche Angst, Angst sogar ums Leben zu kommen."

Frau Gruber schien sichtlich in Not. Ihre in sich zusammen gesunkene Statur glich ihrem schalen Gesichtsausdruck.

„Auch die Fahrt in einem dieser Achterbahnwagen kann doch ihre Reize haben.“, versuchte ich sie aufzumuntern.

„Reize, nein wirklich nicht, das kann ich überhaupt nicht nachvollziehen. Ganz im Gegenteil, ich muss an manchen Tagen sogar darum kämpfen aufzustehen und überhaupt nochmals in diesen, wenn ich bei diesem Beispiel bleiben darf, Wagen einzusteigen. Manchmal traue ich mich nicht einmal aus meiner Wohnung und wenn ich tagelang nicht mehr raus gehe, denke ich sogar manchmal an…“

Frau Gruber war kurz davor mir etwas zu gestehen.

„Ach Herr Nachbar, Sie sind immer gut gelaunt, haben einen Scherz auf den Lippen und summen und trällern stets ein Liedchen vor sich hin. Ich beneide Sie, bei Ihnen ist eben alles in Ordnung. Sie haben halt auch keine Probleme, so wie ich. Und dann ist Ihre positive Einstellung und Ihre Unbekümmertheit natürlich sehr leicht nachvollziehbar. Ach, wenn es bei mir doch auch so gut laufen würde. Können Sie mir nicht einen Tipp geben, damit ich wenigstens auch ein wenig optimistischer und lebensbejahender denken kann?"

„Doch kann ich. Es ist ganz einfach. Sie sollten sich darüber klar werden, dass Sie permanent in Ihrem Leben im Wagen der Achterbahn sitzen. Ihr ganzes Leben ist eine Achterbahn. Zum Beginn der Fahrt und Sie müssen wissen, sie beginnt jeden Tag mit dem Sonnenaufgang aufs Neue, steigen Sie ein und wenn sich der Wagen langsam auf den Weg macht die erste Steigung zu erklimmen und Sie die Aussicht genießen können, sollten Sie sich den besten Sitzplatz, am besten sogar einen Fensterplatz ganz weit vorne aussuchen. Jetzt, also zu Beginn der Fahrt, ist die Zeit, dass Sie sich einen Haltegriff suchen oder besser noch, Sie wissen um diesen Haltegriff.

In allen Wägen und auf jeder Fahrt, die Sie beginnen, sind ausreichend Haltegriffe, Gurte und Sicherheitssysteme vorhanden."

„Hä, Wagen, Fahrt, Haltegriffe? Davon hab ich noch nie etwas gehört. Was meinen Sie denn mit diesen Gurten und dem anderen Zeug?“

„Ganz einfach Frau Gruber, wenn die Fahrt Ihres Lebens in Schwung kommt und der Wagen, in dem Sie sitzen in die steilen Kurven und in die Loopings des Tages schießt oder er in hastiger Fahrt bergab braust, ist keine Zeit und auch kaum Gelegenheit nach den erforderlichen Gurten zu suchen. Am besten suchen Sie sich die Haltesysteme sogar lange bevor Sie einsteigen. Wenn Sie bislang keine dieser Haltesysteme hatten, sollten Sie sich für die nächste Fahrt ein passendes System suchen.

Ich meine nicht, dass Sie sich immer neue Haltesysteme suchen sollten, nein ganz im Gegenteil, wenn Sie ein gut funktionierendes System für sich gefunden haben, sollten Sie daran arbeiten, dieses auf Ihre Bedürfnisse auszubauen und alles daran setzen es nicht zu verlieren.“

„Hä, ich hab kein Wort verstanden. Griffe, Haltesysteme, wo finde ich denn solche Griffe?????"

„Ganz einfach. Bei Ihnen zu Hause steht eine Kiste vollgestopft mit genau diesen Haltesystemen und Gurten."

„Eine Kiste? Welche Kiste? Bei mir steht keine Kiste. Wieso wollen Sie etwas von einer Kiste bei mir zuhause wissen, von der ich selbst nichts weiß?"

„Ich bin mir ganz sicher, auch bei Ihnen steht eine solche Kiste, genau wie bei jedem anderen auch. Jeder von uns besitzt eine solche Kiste. In der Kiste finden wir die Einfachheit, die Klarheit und die Demut des reinen Vertrauens. Sie ist vollgestopft mit lichten, friedvollen Gedanken, mit Menschlichkeit und Herzensgüte. Sie müssen nur die Augen, Ohren und vor allen Dingen Ihr Herz öffnen und schon wird Ihnen diese Kiste übervoll mit den unterschiedlichsten Gurten und Haltesystem des Lebens in den Schoß gelegt.

In ihr befindet sich das Salz der Meere,

der Wind der Stürme,

die Glut des Feuers,

die Frische des Wassers,

das Licht der Sonne,

der Quell des Lebens

und die ganze Frucht der Erde.“

„Hä, ich versteh nur Bahnhof.“

„Bahnhof ist ein gutes Stichwort. Schauen Sie Frau Gruber: In Ihrem Bahnhof fährt der Zug des Lebens ein, Sie steigen in einen Waggon ein. Wenn der Wagen ihres Lebens, in dem Sie dann Platz genommen haben, in schneller Fahrt unterwegs ist, und Sie fürchten sich, die Angst schnürt Ihnen die Kehle zu und die Angst des Alltages, des Versagens, des Älterwerdens, des Alleinsein oder welche Furcht Sie auch immer heimsucht, ist es zu spät nach den Haltegriffen zu suchen. Sie müssen schon vor dem Einsteigen wissen, wo Ihr Haltesystem ist.“

„So eine Kiste hab ich nicht. Entschuldigung Herr Nachbar, aber so was Doofes hab ich noch nie gehört!"

Trotz ihrer abfälligen Bemerkung schien ein Funke Nachdenklichkeit in ihr zu keimen.

„Wenn es aber eine solche Kiste gäbe, wo könnte ich diese denn finden…?"

„Ich kann Ihnen nur sagen, dass jeder von uns eine solche Kiste besitzt, sie wurde uns als Willkommensgeschenk bei unserer Geburt überreicht.

Ein Herzensgeschenk, eine Kiste bis zum Überquellen randvoll mit reiner, wahrer, bedingungsloser Liebe. Liebe für das Leben. Wo Sie Ihre Kiste mit dem wertvollsten und kostbarsten Geschenk aller Geschenke verstaut haben oder wohin sie im Laufe der Zeit verräumt wurde, weiß ich auch nicht. Aber ich bin mir sicher, wenn Sie erst einmal anfangen nach ihr zu suchen, wird sie Ihnen behilflich sein, denn sie und ihr Inhalt haben den unermüdlichen Drang gefunden zu werden, sie wollen heimkommen zu ihnen. Diese Kiste entwickelt eine unglaubliche Kraft, aber erst dann, wenn sie spürt, dass nach ihr gesucht wird. Und schließlich werden Sie auch fündig."

„Willkommensgeschenk bei der Geburt.?…..Herz ?   Liebe ?"

Frau Grubers Gesichtszüge veränderten sich, ihre Stirn legte sich in Falten und mit einem Mal platze es aus ihr heraus:

„Ha,   ….Sie meinen doch nicht etwa……?"

Ich spürte, dass Frau Gruber verstanden hatte, zumindest hatte sie nun eine Vermutung wonach sie suchen sollte.

„Doch Frau Gruber, genau das meine ich. Und genau in dieser Suche besteht Ihre Lebensaufgabe. Beginnen Sie jetzt sofort mit dem Herbeisehnen und gehen Sie ohne jeden Vorbehalt und mutig ans Werk und Sie werden schon bald erkennen, dass auch Sie eine solche Kiste besitzen. Sie ist übervoll, übervoll mit Seilen, Gurten und Haltegriffen."

„OK. Ich habe verstanden. Und wo soll ich suchen, Sie Schlaumeier?"

„Fangen Sie einfach bei sich selbst an, nirgendwo anders kann sie sein und entschuldigen Sie mich jetzt bitte, ich hab noch viel zu tun.“

Frau Gruber lächelte verlegen, drehte sich um, machte einige zaghafte kleine Schritte, wollte, konnte aber nicht weiter gehen. Dann hielt sie inne, blickte nach unten auf die Erde, erkannte das Gras und die Erde zwischen den Halmen und Wurzeln. Vorsichtig schweifte ihr Blick umher, tastete die Umgebung ab, er reckte sich sehnsüchtig den schnell ziehenden, graublauen Wolken entgegen. Die Zeit schien still zu stehen, Augen blickten suchend, kraftlos wirkende Arme, Schultern hingen müde, Hände wirkten hilflos, für einen Moment wirkte alles regungslos, wie eingefroren. Selbst das Vogelzwitschern schien verstummt, kein Hund in der Ferne bellte, nichts.... Atem kam hastig, schneller werdender Herzschlag war zu hören und erfüllte die Gegenwart. Aufmerksam geworden schaute ich noch einmal zu ihr rüber.Suchend, erwartend, herbeisehnend, hoffnungsvoll, zuversichtlich wirkte sie nun, dennoch ein wenig verwirrt.

Dann aber richtete sie sich auf, es schien, als sei ein lauer, warmer Lichtstrahl in sie gefahren und mit dem hellen Licht erstrahlte ihr Sein. Tatkraft, Entschlossenheit, Energie und lange abwesende Lebensfreunde hielten Einzug. Eine offensichtliche bejahende Veränderung war zu erahnen. Mit meinen Gedanken schickte ich sie auf die Suche, nur Sekunden später hatte sie diese aufgenommen.

Es schien, als würde sie ihren gerade erst begonnen Spaziergang abbrechen, noch einmal ging ihr Blick zu mir, Lebendigkeit durchzog nun ihren ganzen Körper, sie hob den Kopf, reckte ihn leicht nach vorne, öffnete den Mund, als wolle sie mit einem tiefen Atemzug ihren Körper mit neuer Dynamik und Lebenslust erfüllen, ein unglaublich breites, überaus herzliches Glücksgefühl bedeckte ihr ganzes Gesicht, ja sogar ihre ganze

Statur schien von Freude ergriffen. Ihre Augen waren weit geöffnet, groß und voller Bewegung.

Ich glaubte ein zartes, weiches, melodisches Summen aus ihrem Mund zu vernehmen.

Sie lächelte mich an, nickt, drehte sich um und eilte freudestrahlend mit erhobenen Armen nach Hause.

10 Minuten, die die Welt von Frau Gruber veränderten.

Marco Paulo

Als der Gott der Meere sah, was der Mensch aus der Erde gemacht hatte, erhob er sich und sprach:
„Ich, Poseidon, Herr der Meere, habe euch etwas mitzuteilen, kommt alle und hört."
Es ging ein Surren und eigenartiges, lange nicht wahrgenommenes Vibrieren und Tönen durch die Weltmeere. Es durchdrang alle Höhen und Tiefen und verlor nichts von seiner Energie, seiner Intensität und seiner Stärke. Es wurde in den tiefsten Tälern und Gräben, den entlegensten Buchten und verschlungensten Fjorden vernommen, selbst in den tiefsten Tiefen der Weltmeere, bis weit unter dem ewigen Eis ward es zu vernehmen und sogleich machten sie sich alle auf den Weg, sie kamen aus allen Himmelsrichtungen herbei. Allen voran: Nereus, Phorkys und Keto, Hades, Demeter und Hera mit ihrem unendlich scheinenden Gefolge.
Bei Neumond nun hatten sich alle zwischen Kypta und Ägäis versammelt. Mit tosendem Lärm erhob sich Poseidon aus dem bis dahin ruhig wirkenden Elemente, seinen Dreizack in der linken, das Muschelhorn in der rechten Hand, schaute sich zufrieden um und sprach:

„Wie erwartet, ihr seid gekommen, gut! Einst gehörte uns die Erde, sie war unser Eigen, wir waren überall, die Ozeane waren nicht geteilt und wir konnten ungehindert fließen, wir waren frei. Wir lebten in Eintracht mit unseren Bewohnern und allen Materien auf diesem Himmelskörper. Dann aber, vor langer,

langer Zeit, hat sich das Erdinnere daran gemacht uns zu verdrängen. Es wuchs und wuchs, so mussten wir uns zurückziehen. Ohne zu hinterfragen fügten wir uns in unser Schicksal, denn es schien Gottes Wille, sonst wäre es nicht so gekommen. Am neuen Land siedelten alsbald unzählige eigenartige Kreaturen. Wir haben sie alle geduldet, alle ohne Ausnahme. Es herrschte ein Geben und Nehmen. Auch mit unserem Element und unseren Wesen erschien der Austausch und das Miteinander.

Vor nicht allzu langer Zeit erklomm eine neue Spezies die Leiter der Evolution. Anfangs lebten auch sie, wie alle Geschöpfe, in Übereinstimmung, dann aber veränderten sich die Seele und das Bewusstsein dieser Kreaturen und sie verlangten nach immer mehr. Obgleich sie schon von allem im Überfluss hatten, nahmen sich ohne zu bitten von allem noch mehr. Ihr Besitzdenken schien unersättlich. Mit ihnen scheint es unmöglich in Einklang zu leben, bei Zeus, glaubt mir, wir hatten viel Geduld und Nachsicht mit ihnen. Athene schenkte ihnen als Zeichen der Freundschaft sogar einen Olivenhain. Selbst der Olymp ließ sie gewähren. Sie aber wurden immer arroganter, uneinsichtig und verleugneten jedes Verständnis für die Zusammenhänge des großen Geistes. Sie wurden immer barbarischer, rücksichtsloser und brutaler, nach und nach vergifteten sie die Meere und Flüsse und töteten unsere Bevölkerungen, mit denen wir seit Anbeginn der Zeit zusammenleben.

Sie wollten uns beherrschen, bezwingen, einzäunen und uns sogar zerstören. Sie töteten unsere Wasserfreunde weit über das erlaubte Maß der Ernährung hinweg und viele Gattungen unserer Freunde, Brüder und Geschwister, oftmals die letzten ihrer Art, haben sie bereits für immer aufgefressen und dadurch unwiederbringlich ausgerottet. Ausgerottet heißt, gleich was wir auch machen, wie auch immer wir uns verhalten, diese Spezies wird es auf diesem Planeten nie mehr geben. Wir haben sie für alle Mal verloren. Ein großer Verlust, eine große Trauer erfüllt mein Herz.“

Die Gewässer um Poseidon begannen zu beben, empor zu quellen und ein Strudel wurde vom nächsten abgelöst.

„Seid ruhig, es kommt noch schlimmer. Nicht nur, dass sie unsere Gefährten fangen und essen. Sie schneiden sie auf, entnehmen alle Innereien, die sie als unbrauchbar ins Meer werfen. Sie wollen uns bestrafen. Wie dumm von ihnen.
Einst waren sie einsichtig, fürchteten die Meere, heute verlangen sie, dass wir uns vor ihnen fürchten, denn sie halten sich in ihrem Übermut für die Krönung der Schöpfung.“
Die Gewässer um Poseidon waren nun kaum noch zu bändigen.
„Nun ist es an der Zeit, dass wir uns das zurückholen was uns ohnehin schon immer gehörte. Wir werden ihnen eine Lehre erteilen, die sie zur Besinnung bringen wird.

Sie werden erkennen ob unserer Stärke und der Macht, die mit uns ist und sie werden einlenken. Nur dann wird es ein zukünftiges, friedvolles Miteinander geben können."

„Schickt eure Gefährten, lasset sie stürmen mit ihren kleinen und großen Wellen, lasset sie stürmen an die Küsten, an die Felsen und an die Mauern, die sie törichter Weise erbaut haben. Wir werden sie Stück für Stück niederreißen und sie verschlingen.

Stürmet ! Stürmet !"

Ein fast sehnsüchtig klingendes bejahendes Grollen des Wassers ergab eine gigantische Springflut.

Aus der kräuselnden Gicht sprang ein kleiner unerfahrener Wassertropfen hervor und ergriff sogleich mutig und ohne Furcht das Wort:

„Mein Gebieter, auch ich werde deinen Worten folgen.   Wie aber sollen wir dies jemals schaffen mein Herr? Wir sind weich, sanft und geschmeidig, ich bin klein, die Küsten aber sind steiniger Fels aus dem Erdinnern geboren, es scheint unmöglich."

Die Anführer waren erbost über das vorlaute und dreiste Verhalten des Tropfens. Bevor Hades dieses Tröpfchen zum Schweigen bringen konnte, hob Poseidon besänftigend seine Hand und schöpfte mit dieser einen gewaltigen Menge Wasser.

„Höret alle, höret.", sprach der Herr mit schwerer dunkler Stimme, seine Stirn war in Falten gelegt.

„Ja es ist richtig, ihr seid weich, sanft und geschmeidig, aber ein einziger Tropfen wie du einer bist, besteht wiederum aus unendlich vielen kleinen Tröpfchen." Poseidon wendete seine Hand und sie leerte sich mit einem Schwall.

„In diese Hand passen unzählige von euch und eine einzige Welle besteht aus so vielen Händen wie es Sterne am Himmel gibt. Ihr seid nicht allein, ihr werdet euch vereinen zu kleinen und zu großen Wogen, mal sanft und leise, mal stürmisch, rücksichtslos und wild werdet ihr kämpfen und uns unsere Welt zurückerobern. Mit jedem Körnchen, dass ihr vom Fels zum Meeresboden spült, werden wir weiter nach oben und nach vorne ins Landesinnere getragen. Und seht euch nur die Küsten an, wie weit wir schon gekommen sind."
„Aber Herr,", erwiderte das kleine Tröpfchen in seiner Verzweiflung,
„Viele von uns werden von der Sonne verdampft, andere versickern im Sand und verschwinden für immer, es ist aussichtslos."

Ein Raunen erfasste die Gegenwart, doch der Herr nutzte auch diese Gelegenheit seine Heerscharen zu ermutigen.

„Ich versichere Dir, mein kleiner Freund, keine Woge, keine Gischt, kein Tropfen, keine Mühe ist vergebens, jeder Einzelne von Euch hat seine Bestimmung und wird seine Pflicht erfüllen. Er kehrt zu uns zurück, früher oder später kehrt er zurück.
Auch du wirst eines Tages zu uns zurückkehren und von deinen Heldentaten berichten. Sei frohen Mutes, alle werden deinen Abenteuern lauschen.“

Und Poseidon erhob Stimme und Antlitz:

„Glaubt mir, ich bin Euer Gott und Herr. Bis heute hat nicht ein einziger Tropfen, noch nicht ein Hauch davon, unsere Erde verlassen, nicht ein einziger ist verloren gegangen. Unsere Stärke ist die Zeit und die Gemeinschaft.
Die Zeit existiert für uns nicht und in der Gemeinschaft sind wir von Niemandem und Nichts aufzuhalten. Selbst unsere schlafenden Verwandten vom Nord- und Südpol kommen uns zu Hilfe. Die Kreaturen selbst haben sie in ihrer Unwissenheit, ihrer Ignoranz und Überheblichkeit geweckt. Wir werden uns mit den Winden vereinen und eine nie gekannte Einheit erstellen. Und nun davon mit euch und an das Werk, lasset sie spüren wie klein und unbedeutend sie sind. Sollten sie wider Erwarten die Einheit allen Seins auf diesem Planeten erkennen und verstehen, wird unsere Aktion beendet. Wir werden ein neues Miteinander entdecken und dieses gemeinsam leben. Jeder soll seinen Platz finden. Sollte es zu keiner Einsicht der

Kreaturen kommen, müssen wir tun was zu tun ist, um diesen Planeten und alle anderen verbleibenden Lebensformen zu erhalten."
In ihrer grenzenlosen Selbstüberschätzung und ihrem Größenwahn werden die Kreaturen selbst diese Zeichen nicht erkennen, sodass zu befürchten steht, dass ihnen nur der Untergang bleibt. So wird es kommen, in nicht allzu ferner Zukunft. Es wird schneller zu Ende gehen als es begonnen hat. Ein Hauch einer kleinen Chance besteht allerdings doch noch Teil des Ganzen zu werden. Paulo 26.02.2000

Botschaft aus dem All

Eine Abordnung der Föderierten Schutztruppe der Sternenkolonie Tausas 13 ist auf einer Routinekontrolle in verschiedenen Sonnensystemen unterwegs. Auf ihrem Flug zur Galaxie Z R 21 im Planquadrat T1 führt ihr Weg sie wieder einmal zum Planeten Erde.

Der Kommandeur dieser Patrouille ist, wie alle seine Mitreisenden, eine reine kristallisierte Lichtformation. Er lässt sich die Akten der Erde zukommen und sogleich erscheinen alle Daten über diesen Trabanten, von der ersten Bündelung der Materie, über die verschiedenen Entwicklungsstadien bis zur heutigen Zeit. Diese Daten werden via Formation direkt in die Gedanken des Kommandeurs projektiert.

Der Kommandeur lässt sich, nachdem er sich die Daten impliziert hat, einen aktuellen Lagebericht zum Zustand des Planeten und der Entwicklungsstufen der einzelnen Lebensformen und der der Menschen geben.

Es wird eine ausführliche Analyse der letzten Jahrhunderte, ein Entwicklungsprofil und der gesamte Befund des Planeten erstellt. Hierbei werden die derzeitigen Daten ins Verhältnis mit denen der letzten 100.000 Jahre gesetzt.

Das Verhältnis der Bewohner und deren Umgang mit allen Lebensformen und der gesamten Materie wird hierbei abgeglichen.

In kürzester Zeit wird ein Lagebericht verfasst und der Kommandeur erkennt die Notwendigkeit hier unverzüglich einzugreifen.

Die gewöhnlich ruhig schwebende Lichtbündelung des Kommandeurs beginnt sich zu verformen und verliert nach und nach ihre Transparenz, bis sie schließlich eine menschenähnliche Gestalt annimmt.

Eine den Erdenbewohnern bekannte Möglichkeit der Kommunikation wird sogleich angenommen.

„Logbuch, bitte einen Vermerk hinzufügen. Die Menschen schreiben das Jahr 2009, verfasse meine Gedanken in menschlicher Sprache, lasse sie in ihre jeweiligen Muttersprachen übersetzen und sende sie sogleich per Dateus rund um diesen Planeten, zu den von ihnen genutzten Einrichtungen. Sorge dafür, dass diese Nachricht in alle bewohnten Siedlungen gelangt. Dort wird jede derzeitige Sendung unterbrochen und nur diese Mitteilung soll für Alle hörbar sein."

„Achtung, Achtung dies ist eine wichtige Botschaft,
die alle Bewohner auf dem Planeten Erde betrifft. Menschen dieses Kometen, hier spricht der Kommandeur der Abordnung der Föderierten Schutztruppe der Sternenkolonie Tausas 13.
Nehmen Sie Folgendes zur Kenntnis: In den letzten Jahrtausenden wurdet ihr, sowie alle anderen Planeten, von uns beobachtet.
Bei unserer ersten Kontrolle vor etwa 200.000 Jahren konnten wir euch zeigen, wie ihr euch von den Früchten dieses Planeten ernähren könnt.
Bei einem weiteren Besuch vor etwa 30.000 Jahren sahen wir, dass ihr euch gut entwickelt habt. Damals haben wir euch mitgeteilt, wie ihr Feuer machen könnt, wie Kleidung hergestellt wird, wie und in welcher Form ihr jagen dürft und wir sagten euch damals wie wichtig ein respektvoller Umgang im Einklang mit der Schöpfung sei. Es waren einfache, aber wichtige Regeln. Ihr habt verstanden und euch stets an diese Vorgaben gehalten. Davon konnten wir uns vor etwa 6.000 Jahren überzeugen.

Vor etwas mehr als 2.000 Jahren erhielten wir Hinweise, dass unsere Lehren nicht mehr ernst genommen wurden, die bis dahin akzeptierten Gesetzmäßigkeiten wurden von euch ignoriert und ihr habt euch Waffen gebaut, um eure Brüder zu überfallen und diese zu erschlagen. Schon damals verstanden wir diese menschlichen Verhaltensweisen nicht, denn wir hatten euch so weitläufig verteilt, dass jeder genug Nahrung finden konnte und jeder dem anderen genügenden Platz für die Gründung einer Sippe ließ. Eure Ausschweifungen und befremdliche Lebensart veranlasste uns, euch einen Peacemaker zu senden.

Er war einer von den unseren, seine Botschaften waren klar, einfach und verständlich. Ihr aber wolltet ihn nicht anhören, obgleich er lediglich von Respekt, Frieden und Liebe predigte, eure Anführer sahen in ihm eine Bedrohung, in einem Mann in Sandalen und einem einfachen Umhang, ohne Besitztümer, ohne Waffen, ohne bewaffnete Truppen. Er kam mit bloßen Händen und hatte nur sein Wort.

Ihr habt ihn einfach getötet. Zwar konnten wir feststellen, dass seine Ideen und Visionen in vielen von euch fortlebten, aber sie konnten den Großteil von euch nicht vom Gedanken der Gier, des Besitzes und des Hasses befreien.

Bei unserer nächsten Visite sahen wir, wie euch eure verdorbenen Gedanken in das Tal des Elends führten und viele von euch konnten, obwohl sie es wollten, keinen Weg finden zurück zum Leben in Einklang und Frieden. Damals entschlossen wir uns, euch eine weitere Gelegenheit zu geben euch selbst zu retten. Wir implantierten heiliges Wissen und vielfache Erkenntnis vom Umgang mit der Erde in die Köpfe von Frauen. Leider mussten wir später feststellen, dass ihr Furcht vor deren Bewusstsein und ihren Befähigungen hattet. Ihr habt sie als Hexen verbrannt.

Dann waren wir noch einmal, nach eurer Zeitrechnung 1940, hier und sahen mit Schrecken, dass ihr euch selbst in verheerenden Kriegen stürzt, euch auf brutale Weise bekämpft. Die Kriege, die ihr gegen eure eigene Art führt, sind uns ohnehin unverständlich. Was aber viel schlimmer ist, ihr verpestet und verschmutzt eure eigene Lebensgrundlage. Völlig unerklärlich ist uns, dass ihr das Einzige, was euch am Leben hält, zerstört. Was werden euch die Häuser und die Fahrzeuge nutzen, wenn die Welt um euch herum in Flammen steht?

Genau wie heute sendeten wir euch damals schon eine eindeutige Botschaft euch zu besinnen und zu den Ursprüngen eines respektvollen Miteinanders zurück zu finden. Dieses Miteinander betrifft das Miteinander aller Lebensformen. Ihr aber bringt es nicht einmal fertig respektvoll und friedlich mit eurer eigenen Spezies um zu gehen.

Nun stellen wir uns die Frage, was macht ihr aus unserer Botschaft, habt ihr sie vernommen und wie habt ihr diese Anweisungen umgesetzt?
Eure Anführer glaubten nicht an unsere Existenz.

Jeder hat dem Anderen, den er als seinen Erzfeind ausgemacht hatte, die Verantwortung für diese Mitteilung in die Schuhe geschoben und anstatt euch zu treffen und einen neuen Plan für ein gewaltloses Leben auszuarbeiten, habt ihr Schuldzuweisungen und Drohungen ausgesprochen, ja sogar mit neuen Militäroffensiven begonnen. Ihr seid sogar in fremde Länder vorgedrungen und habt einen Weltkrieg provoziert. Aus Angst begann ein Wettrüsten mit den schlimmsten aller Waffen, die sich euer krankes, verpestetes Gehirn ausgedacht hatte.

Die, die unsere eindeutige Nachricht von damals verstanden hatten, wurden für verrückt erklärt und die Bewohner des Planeten wurden nicht informiert. Auch damals war es kein Bitten, sondern eine klare Anweisung wie zukünftig mit dem Planeten, den ihr bewohnt, umzugehen ist. Als wir kürzlich nochmals hier waren, mussten wir feststellen, dass sich fast nichts verändert hat. Ganz im Gegenteil, einige von euch besitzen Waffen, die diesen Planeten hundert Mal vernichten können. Die Vernichtung oder die Zerstörung dieses Himmelskörpers werden wir nicht zulassen.

Ihr geht mit euch selbst, was wir noch akzeptieren könnten, erbarmungslos und rücksichtslos um. Dass ihr aber mittlerweile das über Jahrmillionen entstandene Gleichgewicht der Schöpfung in Unordnung und den gesamten Erdball aus der Balance bringt, können und werden wir nicht länger hinnehmen.

Wir sehen es als unsere Pflicht an, euch, da ihr den Worten nicht folgen wolltet, eine Lektion zu erteilen. Diese Lektion wird viele von euch das Leben kosten.

Aber wir werden einem Teil von euch Menschen noch eine Chance einräumen.

Ihr versteht vielleicht, wenn wir euch ein Gleichnis oder eine Erläuterung nennen.

In einem Land lebte ein Bauer und nutzte die Gaben eines Geschöpfes, um das er sich kümmerte. Der Bauer hatte aber nur ein einziges dieser Gattung und dieses ist ihm vor vielen Jahren zugelaufen. Eines Tages stand dieses Wesen vor seiner Hütte.

Er fütterte es mit den besten Gräsern, die er finden konnte. Er gab ihm gutes frisches Wasser zu trinken. Er sorgte für ausreichende Bewegung, nicht zu viel, nicht zu wenig und achtete stets darauf, dass es sich nicht verletzte. Alle seine Sippenmitglieder kümmerten sich und respektierten dieses Lebewesen. Sie putzten und striegelten es. Sie redeten mit ihm und hörten ihm aufmerksam zu.

Sie akzeptierten dieses Wesen als gleichberechtigten Partner ihrer Sippe und bezeichneten es als einen Freund.

Über die Zeit war eine gute und harmonische Verbindung gewachsen. Und als Freund-schaftsdienst für all die Hilfe und Zuneigung, die dieses Lebewesen von den Menschen erhielt, hatte es beschlossen, den Menschen jeden Tag einen Eimer bester Milch zu schenken, wohlgemerkt es gab die Milch freiwillig. Von diesem Eimer Milch konnten sich alle Sippenmitglieder ernähren. Sie war ausreichend, nicht zu viel, nicht zu wenig und es ging allen gut. Das Lebewesen erlitt dadurch keinen Schaden.

Keiner der Menschen wäre je auf die Idee gekommen 2 Eimer oder sogar noch mehr Milch zu fordern, denn ein Eimer war ausreichend.

Die Menschen freuten sich über dieses Lebewesen, denn wohin sie auch gingen, wie weit sie das Land durchsuchten, es gab nur dieses eine Tier, kein zweites, kein ähnliches, nichts dergleichen, nur dieses eine.

Es entstand eine absolute Symbiose.

Die Menschen freuten sich über das Geschenk, das sie jeden Tag erhielten und sie wussten, dass sie Alles daran setzen mussten. dieses Wesen nicht zu ärgern oder sogar zu kränken.

Genau so wie diese Menschen mit dem Lebewesen umgingen, solltet ihr auch mit eurem Planeten umgehen, denn ihr habt nur diesen einen.

Wir werden euch keinen Erstsatz anbieten.

Auch ihr habt ein solches Lebewesen, von dem ihr euch ernähren könnt, es gibt euch gerne und freiwillig einen Eimer bester Milch. Mit dieser Milch könnt ihr eure Kinder ernähren, ihr könnt ihnen alles über den guten Umgang mit diesem Wesen beibringen.

Aber was macht ihr? Ihr achtet und respektiert es nicht, ganz im Gegenteil, ihr verlangt nicht 2 Eimer, nein ihr wollt 10 und 20 Eimer. Wir haben euch lange genug zu gesehen, ihr habt nichts begriffen.

Nun ist die Zeit gekommen, dass wir euch in der Sprache, die ihr verstehen werdet, eine klare Botschaft senden werden. Bereits in absehbarer Zeit werden wir euch Kämpfer schicken, die viele von euch vernichten werden. Es gibt für euch keine Möglichkeit diese Kämpfer zu besiegen. Sie sind sehr gefährlich. Nicht groß und nicht stark, nicht schwer bewaffnet, nein sie sind sogar unbewaffnet und klein. Winzig, sie sind so klein, dass ihr sie nicht einmal sehen könnt, selbst mit euren besten Waffen könnt ihr sie nicht besiegen, denn ihr seht sie nicht einmal. Wir haben lange überlegt, wie wir euch zur Vernunft bringen können. Die Botschaften der Peacemaker, habt ihr nicht gesehen. Nun gehen wir einen anderen Weg und unsere Botschaft ist dieses Mal so unmissverständlich und grausam, dass ihr euch fragen werdet, warum ihr die Zeichen der Vergangenheit ignoriert habt.

Viele von euch werden diese Attacken nicht überleben.

Allerdings gibt es auch für einige von euch eine Überlebenschance, denn wir konnten beobachten, dass sich in allen Ländern einige Menschen finden, die genau nach unseren Vorgaben eine friedvolle, gleichberechtigte Symbiose leben.

Diesen Menschen, die die Gedanken der Demut und der Bescheidenheit wahrhaftig in sich tragen, räumen wir eine Chance ein.

Alle anderen werden sterben. Um diesen Planeten zu retten, sehen wir keine andere Möglichkeit, denn ihr müsst wissen, wir handeln nicht um einigen Lebensformen auf den verschiedenen Planeten zu helfen. Unsere Aufgabe besteht darin, das gesamte Universum zu beschützen und das vorhandene Gleichgewicht zu erhalten. Dabei können wir auf das Leben der Bewohner keine Rücksicht nehmen.
Natürlich erwarten wir kein Verständnis für solche Maßnahmen, denn wir wissen, dass euer Gehirn für die Dimensionen von denen wir reden, zu unterentwickelt ist.
Der Kommandeur der Föderierten Schutztruppe der Sternenkolonie Tausas 13 übernimmt die volle Verantwortung für diese Maßnahme. Wir werden euch noch heute verlassen, in 50 Jahren kommen wir wieder, um nach euch zu sehen.
Die Überlebenden werden die Fähigkeiten haben, diesen Planeten neu zu besiedeln und sie werden im Einklang mit den Gaben dieses Planeten leben, die er euch dann gerne und freiwillig zur Verfügung stellt.
Ende der Aufzeichnung.
Marco Paulo

Glücksfahrt des Lebens

Ein Boot ist ein Boot, ein Ruder ein Ruder,
ein Steuermann ein Steuermann.
Einzeln betrachtet: Nicht mehr und nicht weniger.

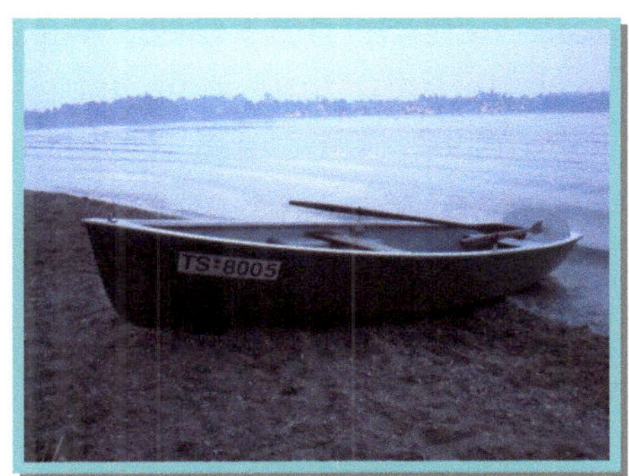

Das Boot treibt mit der Strömung, ohne dass sich die Fahrt verändern ließe.
Es schwimmt mal schnell, mal langsam, mal nach rechts, mal nach links, es setzt sich fest, läuft auf ein Riff, schlägt Leck und droht zu kentern, gerade so wie es der Strömung gefällt. Jedoch, welch Glück, da gibt es ja das Ruder, dieses, welches ohne Boot ebenfalls zunächst recht nutzlos scheint.
Das Ruder allein erfüllt noch keinen Zweck.
Manchmal haben Boot und Ruder das Glück sich zu treffen, gelegentlich scheinen sie auch noch zueinander zu passen oder sogar für einander bestimmt, dies zumindest für die Dauer der gemeinsamen Lebens- Reise.
Mit diesem Ruder kann das Boot gesteuert werden.
Nach Backbord, nach Steuerbord, in die Strömung und auch aus ihr raus, um die Klippen, vorbei an Riff und Felsvorsprung und unbeschadet in den Hafen.

Stellt sich nur die Frage, wer steuert?
Gelegentlich und das ist Fügung, finden, dem Glück zum
Überdruss, Boot und Ruder auch noch den rechten Steuermann
hinzu, so wird auf mancher Lebens- Fahrt gezielt gesteuert und
gefahrn.
Boot und Ruder geben sich vertrauensvoll in göttliche
Steuerhand.
Nun sprechen wir von einem echten Glücksfall
für die Familie: Ruder, Boot und Steuermann.

In diesem Sinn:
Ahoi und immer eine handbreit Wasser unterm Kiel wünscht
Paulo 16.11.2001

Ich bin wie ich bin

ich bin kein Sänger, und dennoch singe ich,
ich bin kein Maler, und dennoch male ich,
ich bin kein Spieler, und dennoch spiele ich,
ich bin kein Denker, und dennoch denke ich,
ich bin kein Leider und dennoch leide ich,
ich bin kein Seher und dennoch sehe ich ,
ich bin kein Fühler und dennoch fühle ich,
ich bin kein Stummer, und dennoch schweige ich,
ich bin kein Spinner, und dennoch spinne ich,
ich bin kein Träumer, und dennoch träume ich,
ich bin wie ich bin,

Dafür danke ich allen Freunden und Gönnern,
Feinden und Neidern.

Sie haben mich zu dem gemacht, was ich heute bin.
Selber Schuld.

Das habt ihr jetzt davon.

Danke

22.07.2000

Es ist klar, dass mit schwerwiegenden Folgen zu rechnen ist, dennoch muss manches gesagt werden.

Sputnik 13 Verschollen im Weltall.

Wie sieht sie wohl aus, unsere Erde aus dem Weltall? Diese Frage beschäftigt mich schon seit sehr langer Zeit. Während des Malens von 3 Erdbildern, entstand die Geschichte von „Sputnik 13, Verschollen im Weltall.“

Ein Astronaut ist bei seinem Flug in den erdnahen Orbit mit Routineaufgaben beschäftigt. Zu Testzwecken hat er verschiedene Überlebenssysteme und einen neuartigen Teslaantrieb an Bord.

Beim letzten Abkoppeln von der Raumstation und beim Einleiten des Rückflugs zur Erde ereignen sich mehrere, Fehler. Das Raumschiff wird stark beschädigt und der Astronaut geht mit seinem manövrierunfähigen Shuttle über viele Jahre hin im Weltall verloren. Das durchhalten in seiner Kapsel ist auf Grund der an Bord befindlichen Überlebenssysteme kein Problem. Der Kontakt zur Erde reist ab. Immer wieder träumt er von der Rückkehr zu diesem einzigartigen blauen Planeten in unserem Universum.

Nach Jahren der verzweifelten Suche gibt es Hoffnung, er scheint am Ziel seiner Träume und findet doch noch die Erde. Er ist überglücklich und fiebert dem wiedersehen mit seiner Familie entgegen.

Beim Anflug und bei der Berechnung der Daten spielt der Bordcomputer verrückt und so kann mit seinem Raumgleiter nicht die korrekte Eintauchbahn in die Erdatmosphäre erreichen. Er rast mit seinem Shuttle mit mehrfacher Schallgeschwindigkeit durch die Atmosphäre direkt auf die Erdoberfläche zu. Kurz vor dem Verglühen ist er der Ohnmacht nahe.
Sein Shuttle droht zu verglühen und er zu verbrennen.
Dann jedoch geschieht etwas völlig Unvorhersehbares.
Von einer scheinbar unsichtbaren Macht wird sein Raumgleiter ergriffen und auf einem hellen Lichtstrahl sanft und wohlbehalten geleitet.

Ein Herzschlag wird hörbar und erfüllt den Raum. Er wird immer deutlicher, hör- und fühlbarer und der Astronaut erkennt, dass es sich hierbei nicht um seinen Herzschlag, sondern um den um den Herzschlag der Erde handelt.

Fast wie betäubt, einem tranceähnlichen Zustand nahe, darf er Kontakt mit diesem Herzschlag und dem dazugehörigen Lebewesen auf nehmen.

Die hier niedergeschrieben Aufzeichnungen aus seiner Kapsel geben Aufschluss, was dann geschah.

Herzblut, Herzglut.

Wenn ich so dasitze und das Leben umkreist meine Sinne, ist es noch immer da, es ist zu hören und zu spüren, jenes Pochen, welches mir sagte was ich sagte. Und ich höre es noch einmal, gesprochen von einem, der die Welt von außen und nach innen sehen durfte.

Herzblut, Herzglut, die Erde sie lebt
Stell dir vor, der Planet Erde ist ein zusammengehörender Organismus.
Ein Ganzes, ein Lebewesen.
„Öl und Gas in meinem Innern sind wie das Blut in euren Adern, die Atmosphäre, die Ozonschicht, das Wasser, und die Kruste bilden die schützende Haut.
Mein Herz schlägt tief im Innern, geschützt von glühender Lava.
Mein Herz ist der Energiequell, die Glut für´s Leben.
Mein Herz schlägt, ich wurde geboren, ich lebe, ich atme, ich fühle, ich existiere,
ich war mal jung, ich werde älter, ich werde auch sterben.
An meiner Oberfläche tummeln sich zahlreiche Parasiten und Madenhacker,
unbedeutend,   vielleicht,   hoffentlich.
Gelegentlich schüttelt ich mich und stoße überschüssiges Lebenselixier aus,
aus Freude?   aus Zorn ?
Ein Lebewesen,   ein Organismus.

Paulo 01.07.1999

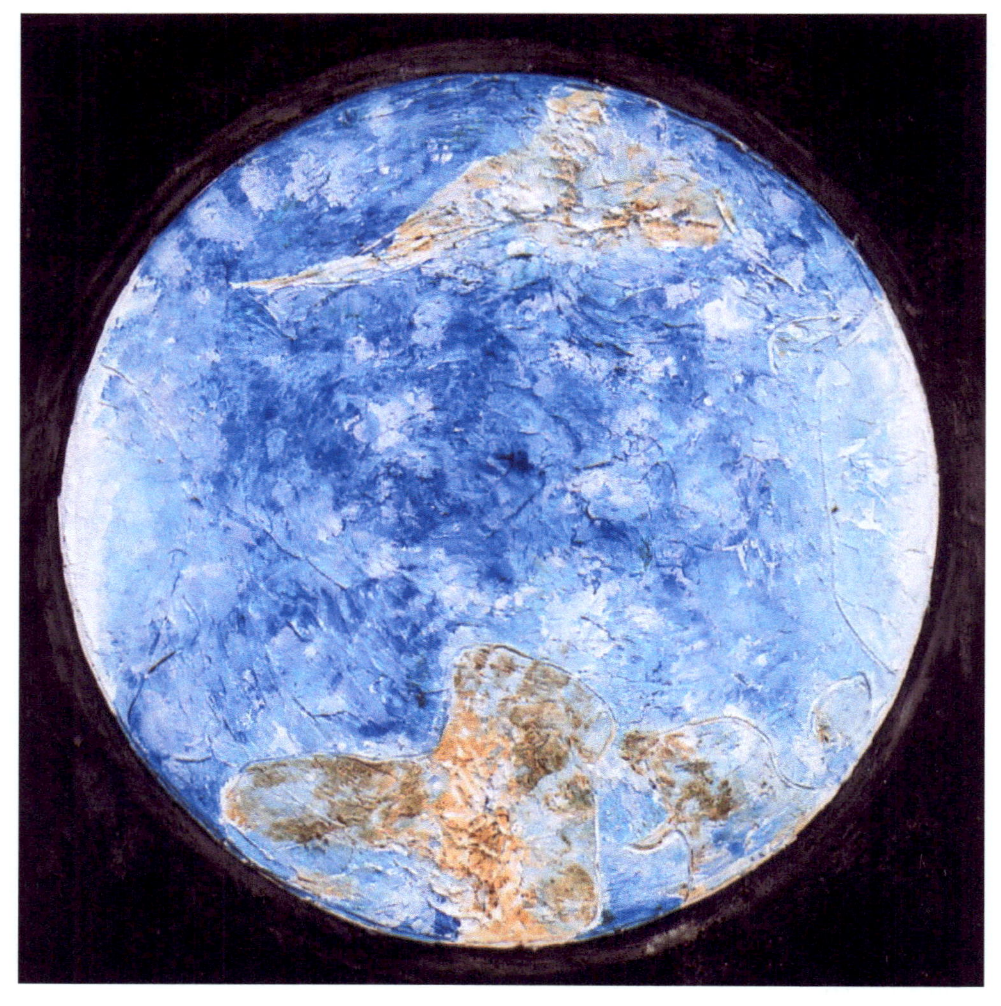

Originalgröße 120 x 120 cm Acryl auf Holz, Paulo

Mittlerweile bin ich fest davon überzeugt, dass die Erde die Materialisierung der göttlichen Existenz darstellt und alle Lebensformen durch ihre Geburt ihre Daseinsberechtigung erhielten. Und es geht uns alle an. Wenn wir so weiter machen wie bisher, wird es nicht mehr lange dauern bis die Wälder kahl, die Flüsse vergiftet, die Meere abgefischt, die Böden ausgelaugt, die Artenvielfalt, zu der auch wir gehören dezimiert oder sogar vernichtet, die Luft verbrannt und er gesamte Erdball ausgeraubt und ausgehöhlt ist.

Wir müssen jetzt handeln, sofort, noch heute. Jeder Einzelne von uns hat die Möglichkeit 1 % Müll, Verpackung, Öl, Gas, Energie zu sparen.

Warum setzen sich die Tiere und die Erde insgesamt nicht noch deutlicher zur Wehr.
Oder erkennen wir den Widerstand bloß nicht.
Jeder von uns kann weniger tierische Produkte, Fleisch, Wurst oder Fisch essen, wir sind für die derzeitige verachtenswerte Massen-Tierhaltung verantwortlich.
Wir haben es in der Hand, dass wir unsere eigene Lebensgrundlage **Mutter Erde** erhalten.
„Du sollst nicht töten" steht geschrieben.

Kämpferisch

Kämpferisch zog man in den Krieg,
gewiss, daß man verliere.
Dennoch kämpferisch mit wehenden Fahnen - Besiegt.

Gut gekämpft, und doch war´s klar,
verloren schon zu Anfangs, ja.

Eine Entschuldigung für vertane Stunden,
dumm von mir, zu glauben es würde ewig dauern

Weit sind wir gegangen,
Abschied nehmen, Tränen fließen,
Adieu du mein Herz, adieu du mein Leben,
adieu du mein Schatz

Für meinen Schatz, 15.11.2000

Vom Sturm und Wunsch

Gewitterwolken sah ich nahen,
geglaubt, dass sie vergehen,
zu spät erkannt- er war für mich,
für mich allein der Sturm der Zeit

Wie töricht zu denken, wir könnten unsere
Vorstellungen und Wünsche vollends erfüllen.
Wie dumm von mir zu glauben,
ich könnte das Versäumte nachholen.

Der zerschlagene Spiegel,

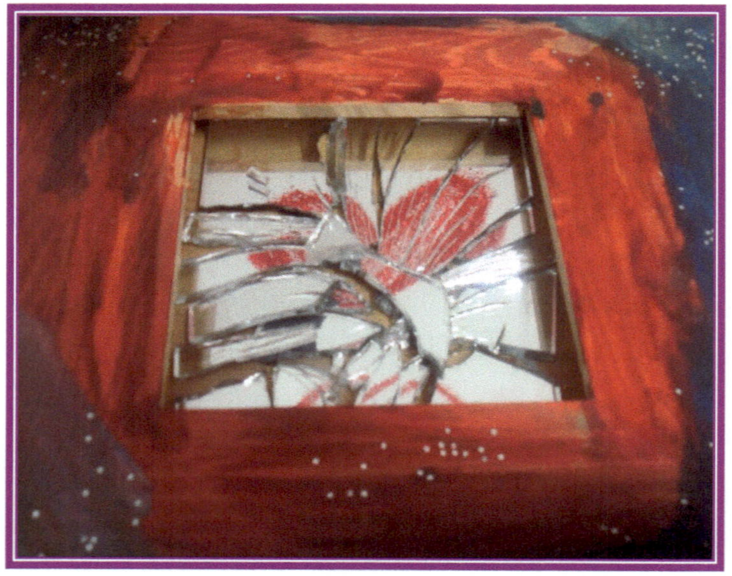

Mit einem gebrochenen Herzen ist es wie mit einem zerschlagenen Spiegel. Wir können ihn wegwerfen, wegstellen oder auch nicht mehr benutzen wollen.
Seine Überbleibsel und Bruchstücke lassen sich wie ein Puzzle zusammen fügen. Zeit legt Patina darüber und wir lernen den Bruch
- zu ignorieren
- als vorhanden zu akzeptieren
- einfach zu übersehen
- zu vergessen.

Mit großer Sorgfalt ist zukünftig damit umzugehen, wissen wir doch nun um seine filigrane Zerbrechlichkeit. Drum lass niemand zu nah heran, noch besser noch, verstecke ihn, den Deinen einzigen Spiegel. Verberge, verwahre, verschließe ihn. Zeig ihn nicht, rede nicht darüber, ja erwähne nicht einmal, dass du einen besitzt.

Herzspiegel-Spiegelherz

Wer sich daran macht, ein Herz zu erobern und es gewinnen möcht, muss sich bewusst sein, dass dies wie bereits sein eigenes, vielleicht schon einmal erobert, gewonnen, zerbrochen war, oder er sogar der Verursacher des Bruches sein könnte oder eines bereits zerbrochen hat. In dessen Brust es schlägt und auch welcher es erobern möcht, sollt dies bedenken!

Erobert ist im Nu. Gewonnen wunderbar, Zerbrochen unvergessen.

Schwerlich, dennoch selten, heilen diese, seine Wunden.

Ungeschehen wird es nie, zurück zu drehen ist es nicht, ungeschehen wird es nicht.

Selbst abgedeckt und gut versteckt, verräumt, verstaut im tiefsten Kammerl deiner Brust ist und bleibt jedoch die Scherbe von diesem einen, deinem Spiegelherzen.

01.11.20005

Du bist fort, einfach so.
Mein Herz,
einfach so bist du von heut auf morgen gegangen.
Ist es gut für dich, dass Du gegangen bist?
Ein Herzgeschenk, dass du bei uns warst.
Wie schön für mich, für uns, dass Du bei uns gewesen,
Wunderschön für uns.
Doch nun.
Du bist fort, ohne eine Nachricht, ohne ein Wort- einfach fort.
Bin sehr traurig.

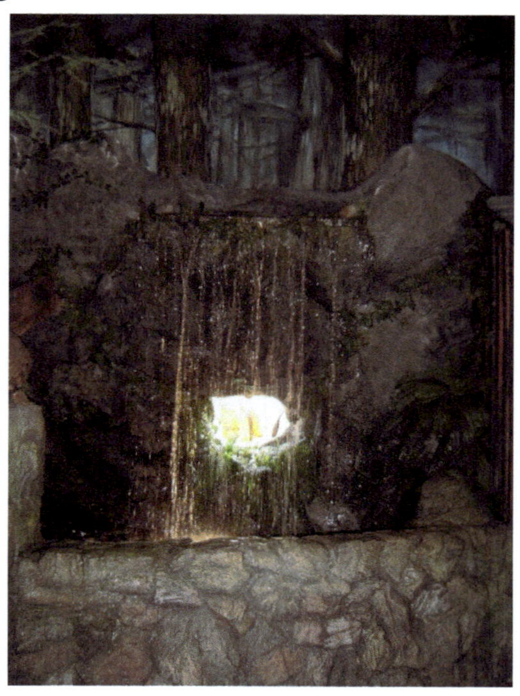

Dicke Eiche
Die Namensgeberin des Wanderheimes „Zur Dicke Eiche" des
Pfälzer Waldvereins
Sie wurde im März 1994 durch blindwütige Zerstörungswut
derart beschädigt, dass sie letztendlich abstarb.

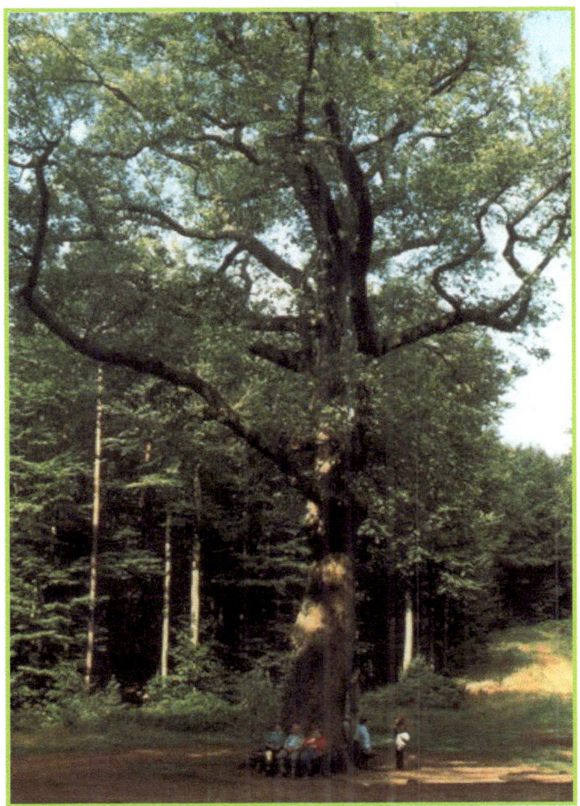

Bild 1: Die Dicke Eiche aus besseren Tagen

Fünf 30 cm tiefe fachmännisch ausgeführte Schnitte mit einer Kettensäge durchtrennten die Versorgungskanäle einer kompletten Hälfte des Baumes. Sämtliche Rettungsversuche in den folgen-den Jahren verliefen leider vergebens.

Bis heute ist nicht bekannt, wer diesen Frevel an der ca. 300-jährigen Eiche ausübte.

Gedanken von Paulo über die 300 Jahr alte „Dicke Eiche" unweit des Waldkirchleins gelegen.

Hier am Sorgenberg in der Pfalz, haben Gläubige Christen im Jahre 1748 die Kapelle **„Maria Himmelspforte"** errichtet.

Bereits zu dieser Zeit stand ich in Ihrer Nähe und ich ward von stattlicher Gestalt.

Doch nun. Was fällt Euch eigentlich ein.

Euer Schwerthieb, Euer Lanzenstich hat mich zutiefst getroffen. Seid Ihr Menschenkinder denn von allen guten Geistern verlassen. Ward es Euch nicht bewusst, so will ich, die dicke Eiche, es Euch einmal in aller Deutlichkeit sagen. Meine Brüder und Schwestern lebten schon Jahrmillionen auf diesem Himmelskörper, da ward von Euch Geschöpfen noch nichts zu sehn.

Unsere Samen haben sich in die Erde gebohrt und neues Leben entstand aus dem Nichts, wir werden noch in voller Blüte uns wanken, unsere Blätter tanzen ihren Reigen im Herbsteswind, wir sind noch immer Teil des Ganzen, da werdet Ihr schon wieder verschwunden sein.

Denkt nach, was Ihr in den letzten 100 Jahren schon alles zerstört habt.

Mit Euch geht es noch schneller zu Ende als es begonnen hat. Wollt Ihr Eure Chance nutzen, so besinnet Euch eines Besseren. Ihr müsst Euch unseren Gesetzen, den Gesetzen unser aller, den Gesetzgebungen des Universums, die über Tausende von Generationen entstanden sind, unterwerfen und diese akzeptieren. Nur so und auch dies ist nicht einmal gewiss, könnt Ihr die vertriebenen Himmelsmächte zurückholen und sie um Verzeihung bitten und Euer Bestreben kundtun, auch Teil des Ganzen zu werden, dann könnt Ihr nur noch hoffen und beten. Nun

Nun aber schaut mich an, Ihr, die doch so an die Schöpfung glaubt zu behaupten, nun schaut mich an, was Ihr aus mir und allem um uns herum gemacht habt. **Dies Schriftstück könnte tausendfach vom Himmel fallen, wohin es auch fiele, fänd´ es seinen berechtigten Platz, leider. Paulo 13.10.2003**

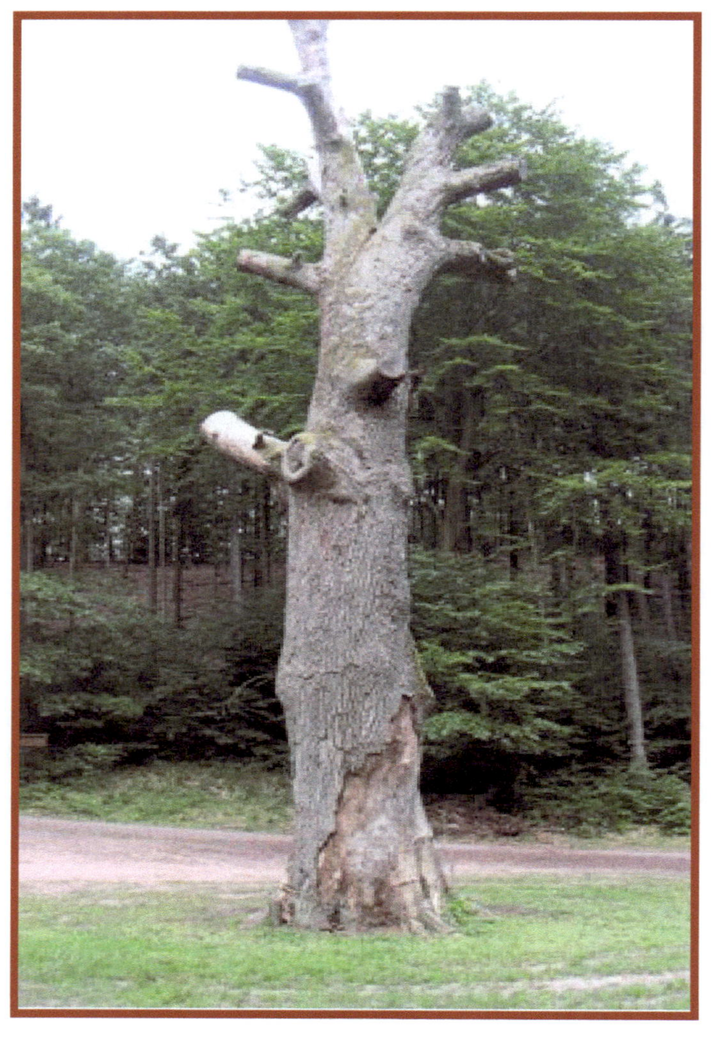

Bild 2 Die "Dicke Eiche" im Juni 2007, später musste sie gefällt werden

Nachruf für einen Baum:
An einem frühen Freitagmorgen wurde eine große Fläche
eines Parkplatzes abgesperrt. Hier sollten alle, teilweise sehr
alte Bäume gefällt werden.

Durch das energische Eingreifen gelang es mir, die Fällarbeiten
an den weiteren Bäumen zu stoppen.
Nach dem gerufenen Großaufgebot von Polizei, Gemeinde und
Naturschutzbehörde musste die angeblich genehmigte Fällaktion
eingestellt werden. Für einen der Riesen kam jedoch jede Hilfe
zu spät.
Danach folgte die Veröffentlichung eines Nachrufs, der für viele
Reaktionen in der Öffentlichkeit sorgte.

Kurz vor dem Fall rief ich ihm und seiner Seele zu „Schnell
rette Dich, rette Dich "
Die Reaktionen auf den Nachruf waren beeindruckend. Ich
wurde noch Wochen später auf der Straße von vielen Menschen
angesprochen, Briefe wurden geschrieben, man bekundete,
Trauer und Betroffenheit zugleich.

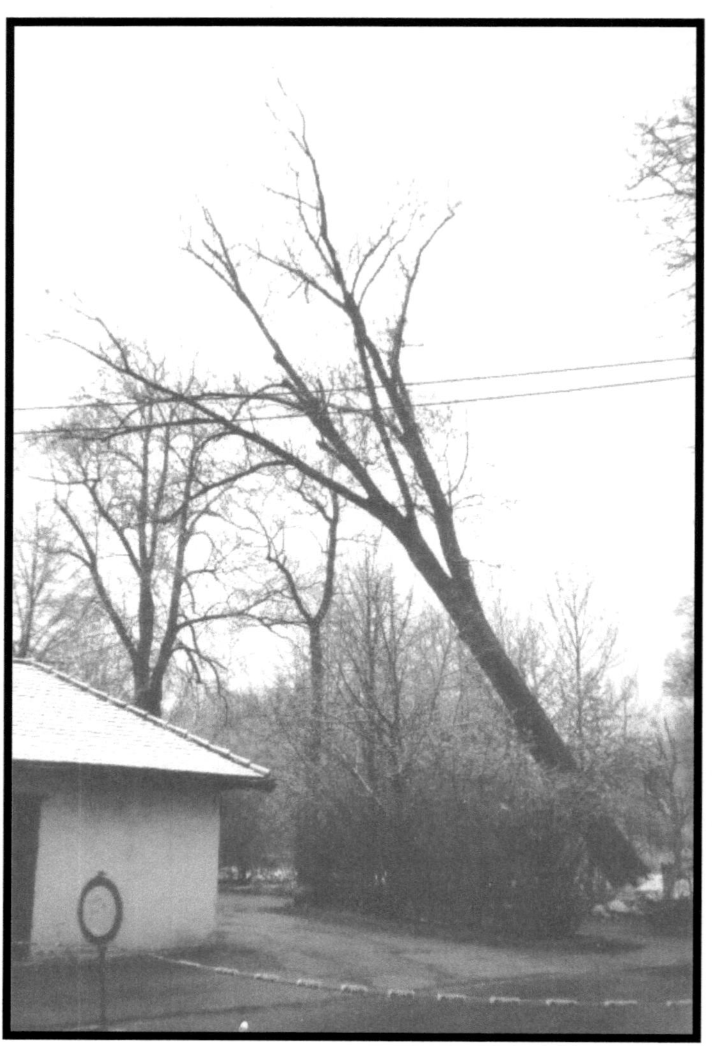

Nachruf

Geboren 1880 in Grünwald/Wörnbrunn.
Aufgewachsen und 120 Jahre in Wörnbrunn gelebt.
2 Weltkriegen und zahlreichen Stürmen standgehalten. Von Granatsplittern
getroffen, von Autos angefahren.
Gegen eure Kettensägen hatte ich jedoch keine Chance.
Ich fiel am Freitag den 27.4.2001 in der kühlen Morgendämmerung, hätt´ ich
geahnt,
dass es mein letzter Sonnenaufgang war,
hätte ich ihn noch mehr genossen.
Warum habt ihr mich getötet?
Doch nicht etwa wegen ein paar morschen Ästen?
Ich, die Esche, der größte Baum von Wörnbrunn,
sag´ leise Adieu, ihr werdet mich nie wieder sehen, einige von euch, mich sogar
vermissen. Zahlreichen Wanderern und Radfahrern war ich Schattenspender.

Ich war stets sehr genügsam, jedoch gestehe ich, die Fläche eines Pkw
Parkplatzes
für mich in Anspruch genommen zu haben.
Ich, die Esche, der Heilige Baum der Alten Germanen,
gehe in der Hoffnung, dass meine Brüder und Schwestern um mich herum nicht
das gleiche Schicksal ereilt.
Adieu, du mein Herz, Adieu du mein Leben
Wohlwissend in Ihrem Sinne vorgetragen,

Marco Paulo
20.5.2001

Demo auf dem Münchner Marienplatz.

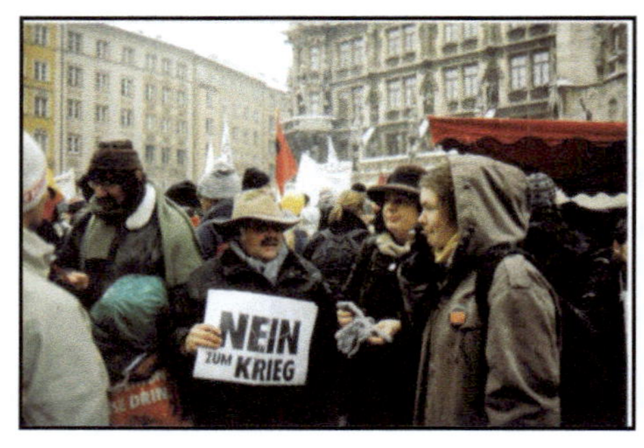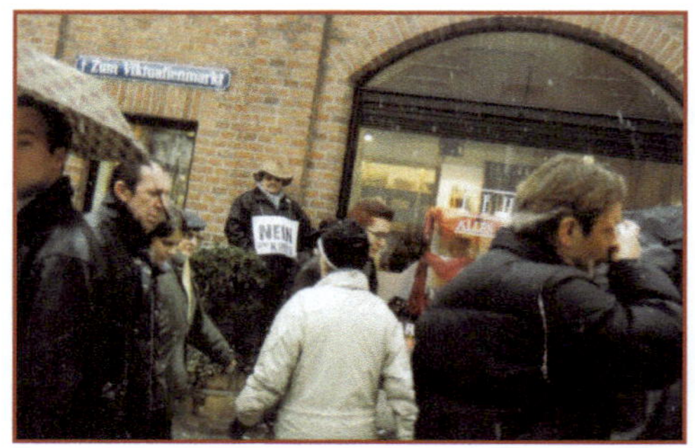

Krieg jedem Krieg,
  Nein zum Krieg

***G**ellend Schreie Wiederkehr,*
leise schreiend laut um Hilfe
Stumme Schreie ungehört
Stoppt den Wahnsinn. Stoppt den Krieg

Paulo

Gedanken und Leserbrief zum drohenden Irakkrieg

Schweigemarsch während des Krieges.
Jeden Freitag geht Paulo von seinem Wohnort zum Münchner
Marienplatz.
Peacefahne und Plakat des Münchner Friedensbündnis

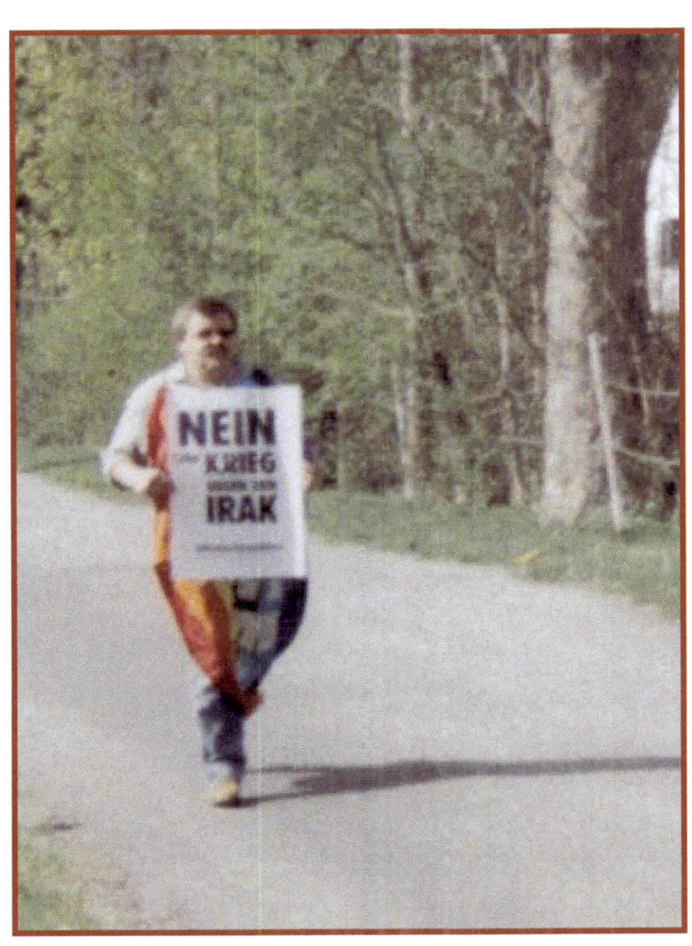

Bau einer Friedenskapelle, in der sich die Symbole der Weltreligionen friedvoll die Hand reichen.

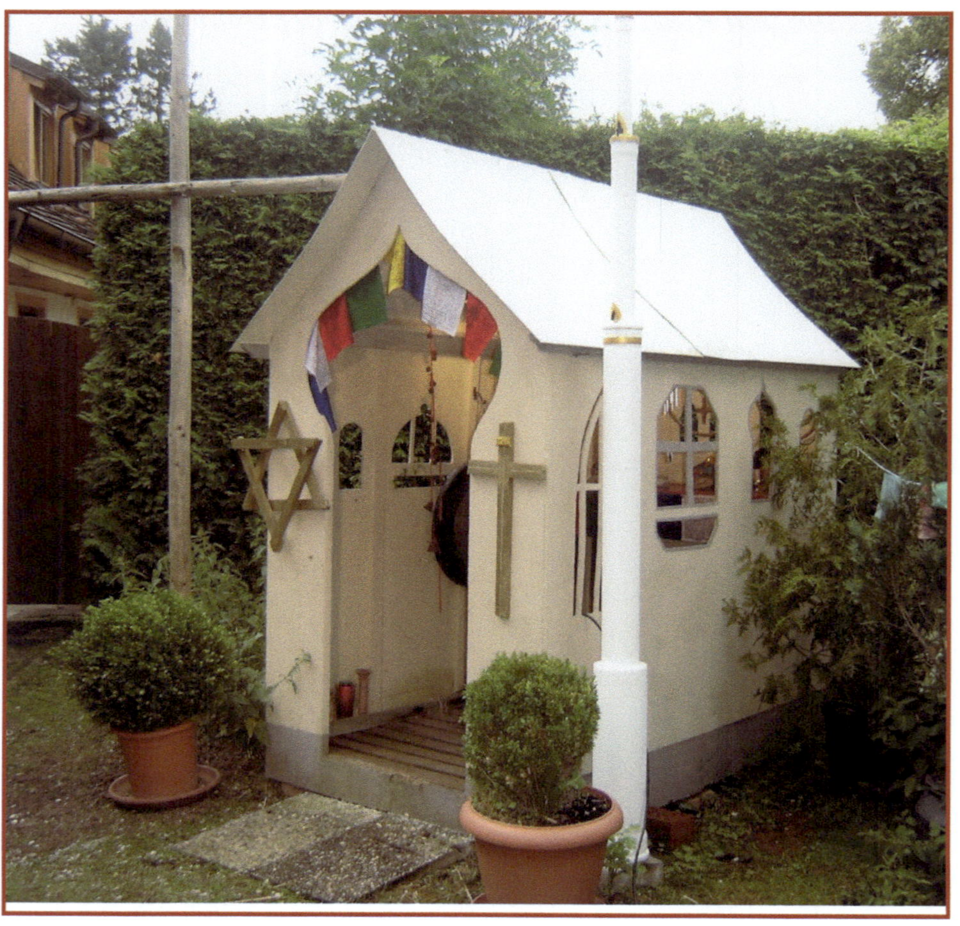

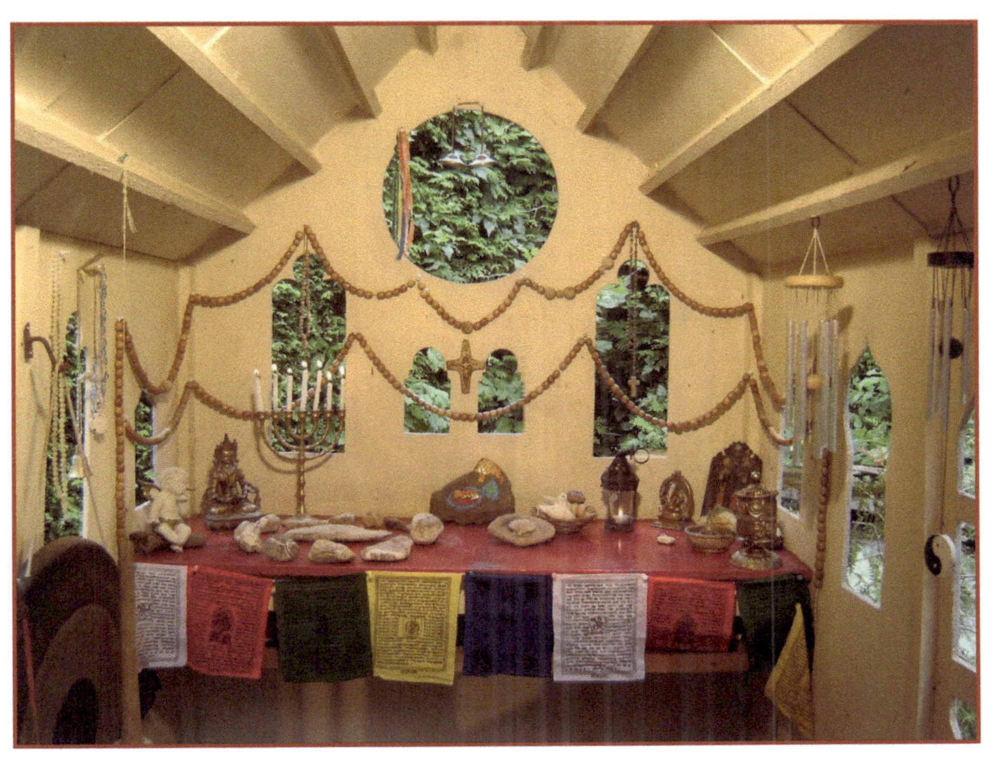

Friedenskapelle mit Altaransicht

Gedachtes

Obgleich ich nicht aufs Maul gefallen bin,
versuche ich mit meinen Arbeiten
eine Sprache zu sprechen,
die jeder verstehen könnte, wenn er wollte,
wiegt doch das Gedachte ebenso,
wenn nicht gar schwerer,
als das Gesprochene.

Das Wort kann täuschen, lügen, verschweigen,
der Gedanke nie.

Du willst glücklich sein, dann sei es.

Unbehagen und eine grundsätzliche Unzufriedenheit mit der Gesamtsituation in der sich der Einzelne befindet und keinen Weg, raus aus den Zwängen sieht, macht sich breit und dieses Missfallen gewinnt täglich neue Anhänger.
Gilt für mich und die anderen: Viel zu wenig aus dem Bauch, weil zuviel mit dem Kopf entschieden wird.
Würden ich mehr auf meine innere Stimme, also mehr auf meinen Bauch als auf das gesprochen Wort hören, fände ich ein bedeutungsvolleres Verständnis zu den Dingen die uns im tiefgründigsten Innern bewegen. Bekämen wir alle deutlich weniger Bauchschmerzen, fänden wir eine tiefere Bejahung und mehr Verständnis und Vertrauen für unser Innerstes.
Tiefste Zufriedenheit und Freiheit könnten die Folgen sein.
Ein Leben in vollkommener Harmonie scheint unter diesem Aspekt möglich.
Warum handeln wir nicht einfach nach dieser scheinbar einfachsten Ansicht?
Ich selbst bestimme darüber, jeden Tag, in jeder Situation.
Ich beschließe ab sofort nur noch Dinge zu machen, die mich glücklich und zu einem zufriedenen Geschöpf machen.

Ach, wenn es doch nur so einfach wäre.
12.12.1997

Trauer im Stall, Trauer um Chopper,

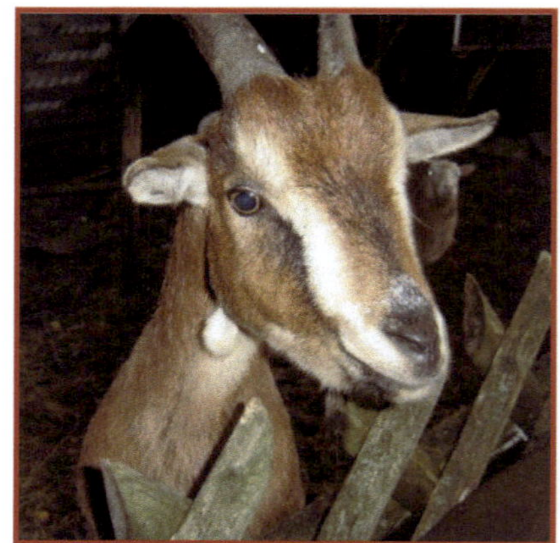

Seit Wochen sah ich sein Ende nahen,
gehofft, dass er es schaffe.
Jedoch war´s nur für kurze Zeit.
Gefüttert noch zur letzten Stund.
Gesucht mit großem Auge. Gefragt was
ist?
Was ist mit mir?   Was wird denn bloß
geschehen.
Geahnt, dass er bald gehe.
Und ist´s vorbei, ist´s äh zu spät .
Drum sag es schnell dem Liebsten dein, wie sehr du ihn doch
mögest. Denn ist´s vorbei, ist´s jäh zuspät.
Wie schnell es doch geschehe.
Denk nach, egal was du auch tust, ist mal vorbei, so ist´s zu
spät. Doch manchem scheints nicht all so wichtig.
Ich ruf´s euch zu, euch allen hier.
Der Ziegenbock ist nicht mehr hier.
Der Ziegenbock ist tot.

Gestorben am 15.12.2001

Ach wie schön wars doch zur Sommerzeit

Vergangen ist der Frühlingstraum,
vergangen auch die Sommerpracht,

geblieben nur des Herbstes Laub,

vom Winterwind vereist zu Staub.

Sei unbetrübt

Wenn der Sonnen-
untergang nah, der
Schatten lang,
ist alles gleich alle
Schuld erlassen.
Fürchte Dich nicht!
Greife und halte sie
ganz fest die
ausgestreckte Hand,
sie wird dich führen
zum hellen Morgen.
Sei unbetrübt und freue
dich mit Ihm.

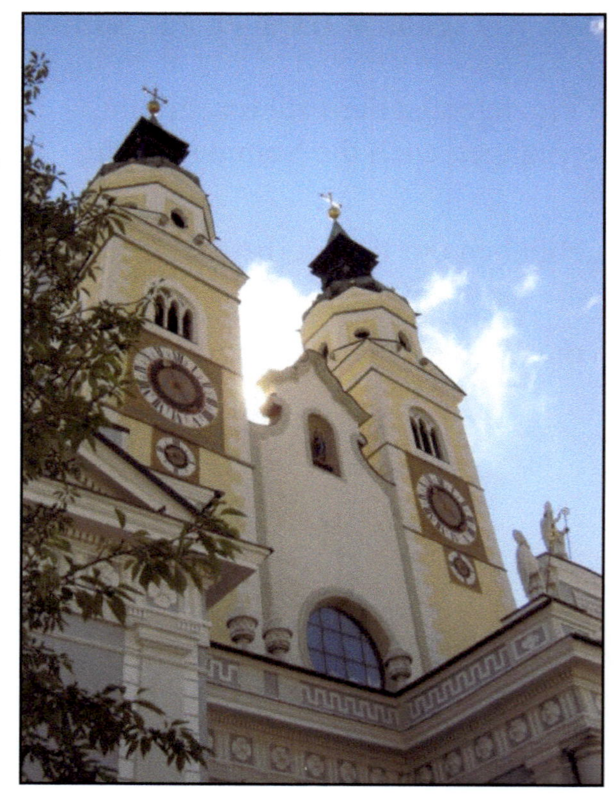

Diese Zeilen wurden mir während eines Gottesdienstes im Dom
zu Brixen geschenkt. Bei unserer Rückkehr erfahren wir vom
Tode von Herrn Eberhard Krause, dem ich diese Gedanken
widme.
Brixen 15.8.2005

Kessy

(alias Sonnenschein) unser Hofhund,
16 Jahre Kamerad und Freund unserer
Familie, Wegbegleiter und Beschützer
unserer Kinder.
Geliebt und gemocht von allen.
Kein Tag verging, stets frohgemut sie
ward so unbetrübt und lieb in Ihrem
selbst.
Doch dann...

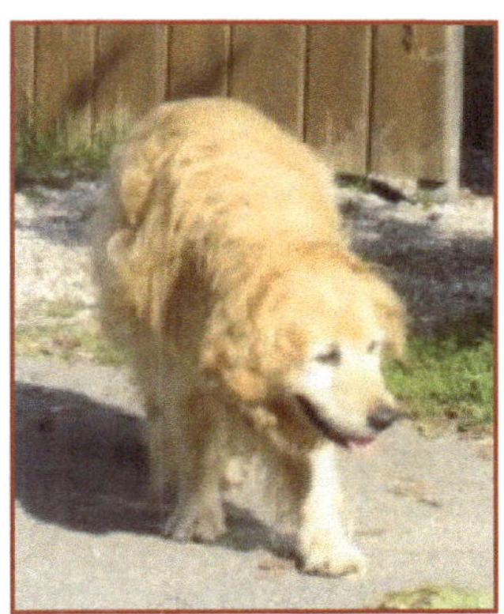

Den letzten Ruheplatz gefunden, so hüpft ein kleines Vögelein
und entschwand beim Überflug und nahm sie zwitschernd mit
sich mit.
Leb wohl, hör ich mich leise sagen, leb wohl.

Tränen erfreuen und kränken unser Herz.

Unter Deines Banners Zeichen reihe ich meine Geschicke. So
bat ich den Herrn, die Seele unseres Freundes ins Himmelreich
zu führen.
01.12.2005

Es mag sein,

es mag sein,
daß wir uns von den anderen Lebewesen unterscheiden
es mag sein, daß wir den höchsten Berg besteigen
es mag sein, daß wir den Urwald bewohnbar machen
es mag sein, daß wir die Tiefen des Meeres erkunden
es mag sein, daß wir das ewige Eis durchqueren
es mag sein, daß wichtige Männer und Frauen lebten
es mag sein, daß wir große Bauwerke erstellen
es mag sein, daß wir großes Erfunden haben
es mag sein, daß wir ins All fliegen
es mag sein, daß das alles wichtig ist
es mag sein,
aber was ist das alles schon

05.07.1999

Was Dich bewegt

Ein Bild, das Dich zum schwärmen bringt.
Das Buch, das Dich zum denken bringt.
Dies Gedicht, das Dich nur weinen lässt.
Ein Traum, der Dich stets träumen lässt.
Der Schmerz, der Dich so traurig stimmt.

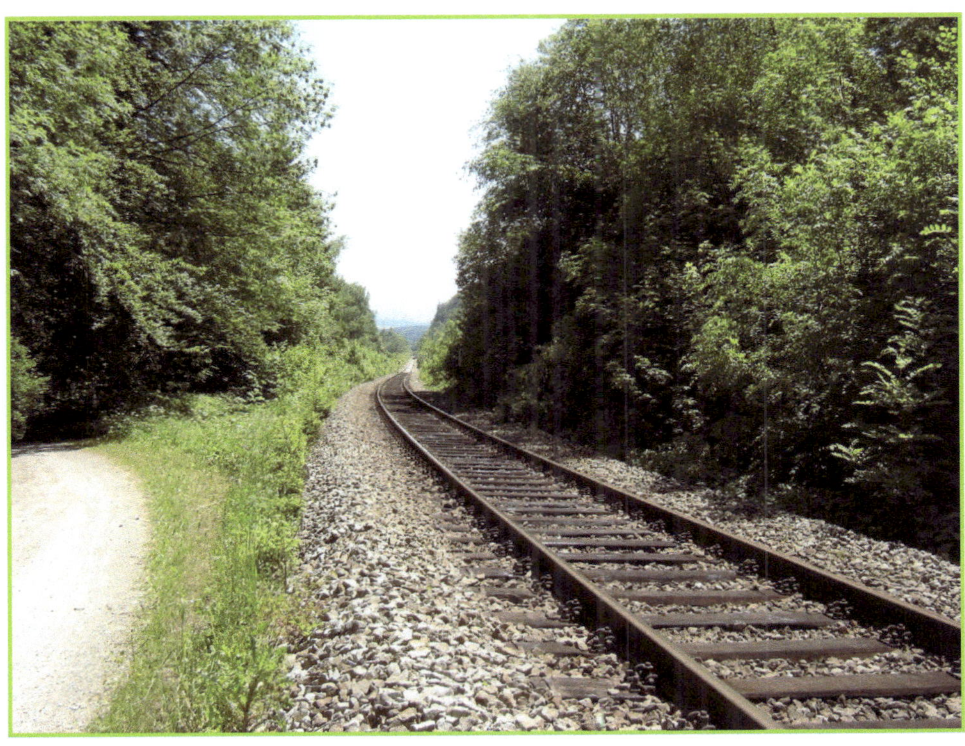

Gedachtes

Obgleich ich nicht aufs Maul gefallen bin,
versuche ich mit meinen Arbeiten eine Sprache zu sprechen, die
Jeder verstehen könnte, wenn er wollte,
wiegt doch das Gedachte ebenso, wenn nicht gar schwerer als
das Gesprochene.
Das Wort kann täuschen, lügen, verschweigen,
der Gedanke nie.

Viel zu wenig aus dem Bauch
weil zu viel mit dem Kopf entschieden wird.
Würden wir mehr auf den Bauch,
als auf das gesagte Hören,
bekämmen wir deutlich weniger Bauchschmerzen,
fänden wir eine tiefere Bejahung
und ein besseres Verständnis für unser Innerstes

12.12.1997

Wie töricht zu denken,
wir könnten unsere Vorstellungen und Wünsche vollends
erfüllen.

Wie dumm von mir zu glauben, ich könnte das Versäumte
nachholen.

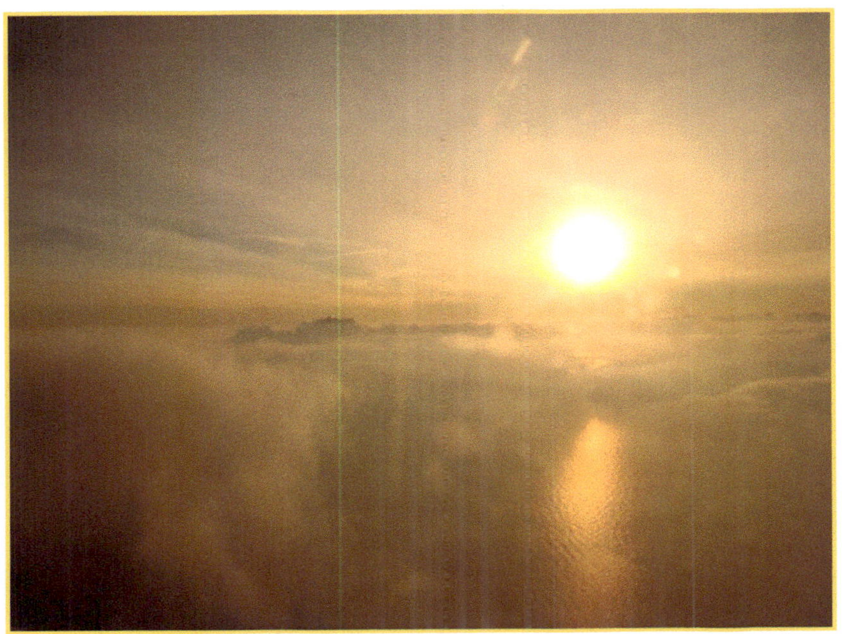

Glücklich sein
Die Sache mit dem Glück und wie einfach es doch sei glücklich
zu sein,
wird total überbewertet.

Sagt der Unglückliche.

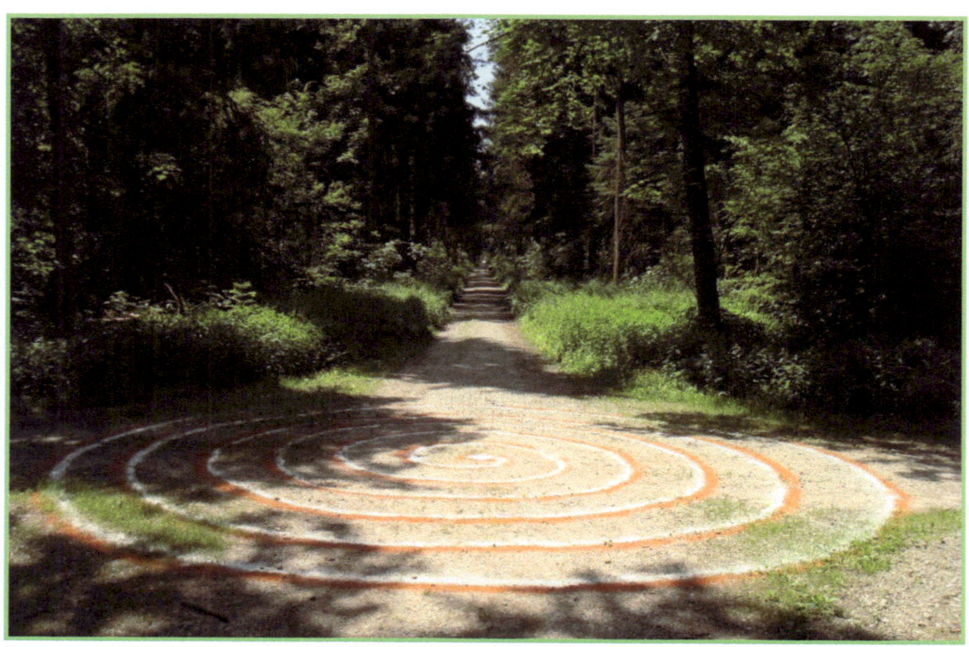

Schmiede

Mit einer nachgebauten Schmiede und dem Begleittext wird die Sinnlosigkeit unseres Tuns initiiert.

„An manchen Tagen bin ich der Schmied, hab keine Glut in meinem Feuer, trotz all dem Hämmern, der Stahl will nicht gehorchen, die Wucht des Schlages reißt mir den Hammer aus der zitternden Hand.

Hör mein eigenes Requiem"
Paulo 01.02.1998

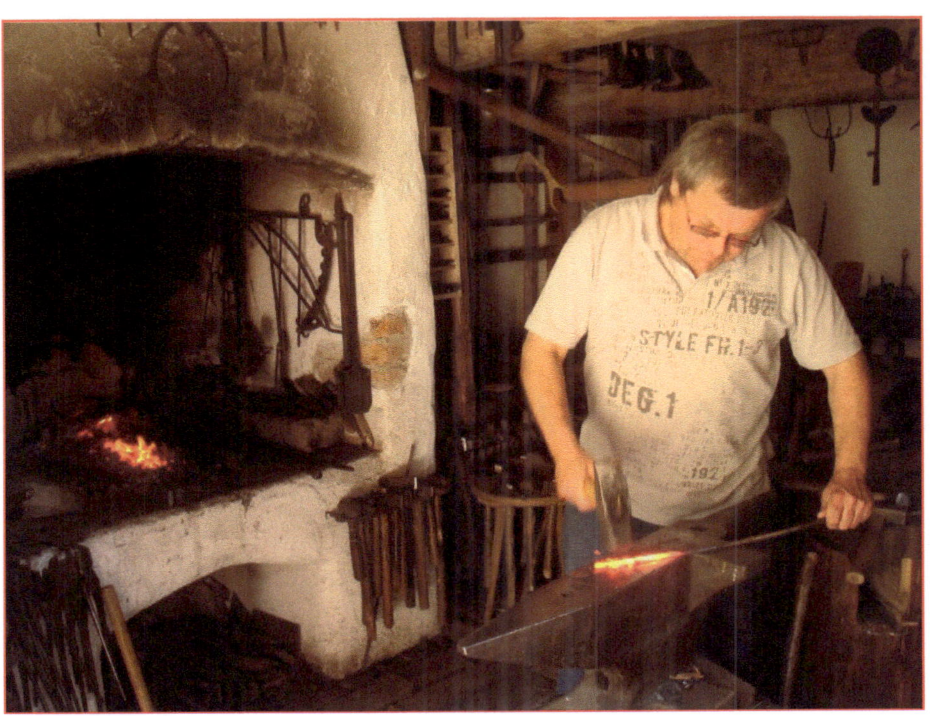

Geborgen in der Riesenmuschel

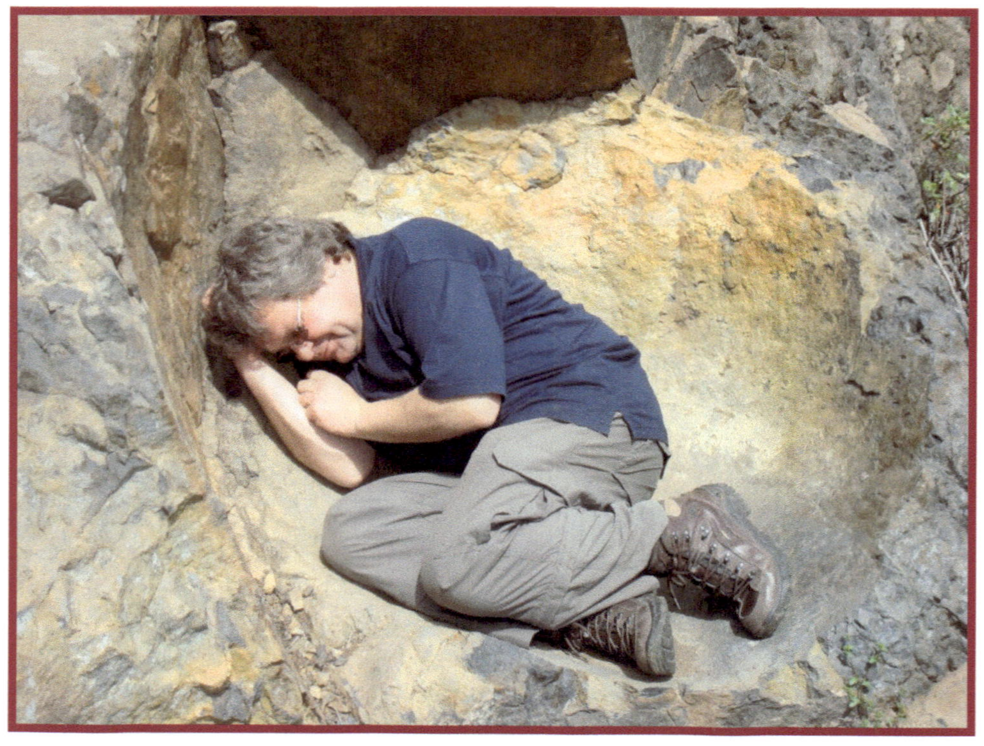

Halbrunde Felsformation, entdeckt bei einer Wanderung auf Teneriffa

Bislang veröffentlichte Bücher:
RAUMSCHIFF Teslar- SX 23
antwortet nicht
Sputnik 13. Verschollen im Weltall.

Der Kindheitstraum eines kleinen Jungen, als Astronaut fremde Planeten zu erkunden, geht in Erfüllung. Bei seiner Reise durch das All soll der mittlerweile ausgebildete Astronaut mit seinem hypermodernen Raumgleiter im Orbit einige Reparaturen an der Raumstation durchführen, an einem Satelliten ein neuartiges Empfangssystem installieren und einige neuartigen Techniken testen. Als der Rückflug zur Erde eingeleitet wird, schaltet sich auf Grund mehrere Fehlfunktionen der zu Testzwecken an Bord befindliche Teslaantrieb zu dem normalen Antriebsystem hinzu. Die Möglichkeiten, den Raumgleiter zu manövrieren, erweisen sich als sehr gering. Das Überleben im Al ist Dank der modernen Technik an Bord möglich. Das viel größere Problem ist, dass das Raumschiff nicht mehr zu steuern ist und sich immer weiter von der Erde entfernt.
Über viele Jahre hinweg geht der Kosmonaut in Zeit und Raum verloren. Ohne Hoffnung, seine Familie und die Erde je wieder zu sehen, beschließt er, seinem aussichtslosen Dasein ein Ende zu bereiten. Alle lebenserhaltenden Aggregate werden abgestellt. Dem Tode nah macht er eine sensationelle Entdeckung. Sein Shuttle wird von einem Lichtstrahl erfasst und geführt. Spannend wird die Geschichte des kleinen Jungen bis hin zu diesem Schicksalhaften Weltraumflug erzählt. Ob er je wieder zur Erde zurückkann und was ihn dort erwartet ist fraglich.

Der letzte Atemzug,

Im Kampf um Liebe und Licht, um die Herrschaft über die Erde, stehen sich die Dämonen, die Verbündeten der Finsternis und des Verderbens den Lichtkriegern des Fürsten Rana gegenüber. An der Seite des Fürsten der Rote Reiter. Ob er mit seinen Legionen helfen kann, bleibt ungewiss. Zunächst scheint es um einen Kampf in althergebrachten Dimensionen zu gehen. Schon bald wird aber klar, es geht um das Ganze, es geht um den Kampf der Kämpfe. Hier wird nicht um Land und Reichtümer gekämpft. Vielmehr entbrennt ein mit äußerster Härte geführter Kampf um den gesamten Erdball, um alles, was war und jemals sein werden würde. Es geht um unsere bestehende Weltordnung mit für Millionen damit verbundenes Leid, ein Kampf gegen Unterdrückung und Ausbeutung, Egozentrik und Rücksichtslosigkeit: Fürst Rana führt seine Legionen mit 350.000 Kriegern des Lichts in einen scheinbar aussichtslosen Kampf. Der Tod scheint gewiss bei der kaum noch vorstellbaren gewaltigen Übermacht der eine Million Dämonenkrieger, ausgestattet mit Waffen von grausamster Zerstörungskraft. Schon bald wird dieser Kampf entschieden, ist er doch bereits seit langer Zeit auch um uns herum und überall im Gange. Bald muss sich die gesamte Menschheit entscheiden, auf welcher Seite sie stehen und kämpfen will. Der Ausgang dieser Schlacht wird von uns allen selbst mitentschieden.
Diese Geschichte ist nichts für schwache Gemüter, beschreibt sie in vielen Passagen doch auch unsrer Zeit. Nicht für Kinder geeignet.

Atlantis lebt!

Unbekannte Lebensformen im Erdinneren entdeckt. Anfang der 1990er-Jahre begann man südlich von München mit Tiefenbohrungen auf der Suche nach neuen Energiequellen. In einer Tiefe von über 4000 Metern stößt das Forscherteam unter dem damaligen Leiter Dr. Werner auf ein riesiges Reservoir von 140° C heißem Thermalwasser. Bei der Auswertung machen die Wissenschaftler eine unglaubliche Entdeckung: Dr. Werner kann bislang völlig unbekannte Lebensformen in dem heißen Wasser nachweisen.

Auf einer Pressekonferenz zu dieser Sensation kommt es zum Eklat: Offenbar wollen Wirtschaftsverbände und Politiker die Resultate vertuschen. Schlägertrupps stören die Veranstaltung und versuchen an die beweiskräftigen Bilder zu kommen. Einem jungen Journalisten aus Wien gelingt es, diese einzigen Beweise für die Existenz der Lebewesen zu stehlen, und gerät in einige Schwierigkeiten. Ob die neue Lebensform der Thermal-Biotics eine Chance hat, ist fraglich.

Ein engagiertes Buch für den Erhalt unserer Erde und ein friedliches Miteinander ihrer Bewohner.

1. Das Geheimnis der alten Ming-Vasen und
2. Letzter Aufruf Afrika.
Auch für Kinder zum Vorlesen geeignet.

1 Der Bauer Woh Kann Doo hat eine Kuh namens Chie. Diese Kuh gibt jeden Tag einen Eimer beste Milch, von der er sich und seine Familie gut ernähren kann. Diese Kuh hat er von seinem Vater erhalten und der hat sie wiederum von seinem Vater. Sie ist seit vielen Generationen bei den Doo`s und sorgt für deren Auskommen. Da die Kuh seit jeher bestens versorgt und wie ein Familienmitglied behandelt wurde, war sie überglücklich und zufrieden.

Noch nie hatte sie einen Gedanken an Leid, Krankheit oder gar den Tod verschwendet. Dadurch war sie unsterblich. Eines Tages packt den jungen Bauern die Gier. Ein Eimer Milch ist ihm nicht mehr genug. Er will raus aus dem kleinen Bauernhaus in dem die Doo`s seit Generationen leben. Ein neues, großes Steinhaus in der Stadt soll es sein. Mit der Kuh erhofft er sich das schnelle Geld. Er melkt seine Kuh immer häufiger, bis sie schließlich drei Eimer Mich am Tag gibt. Das eigene, gute frische Futter von seinen Feldern verkauft er und kauft billiges Schimmliges Heu. Er Chie in einen dunklen zugigen Stall. Keiner kümmerte sich mehr um sie. Nur noch alle 3 Tage wird ausgemistet. Zum Trinken gibt es abgestandenes Wasser. Die Kuh Chie ist darüber so unglücklich, dass sie das erste Mal in ihrem Leben an Krankheit und Tod denkt. Das sie im Sterben liegt bemerkt der gierige Bauer erst, als es fast schon zu spät ist.

2 Letzter Aufruf Afrika,

Eindrucksvoll wird von einer Nomadengruppe berichtet, die wie jedes Jahr im Herbst ins warme Winterquartier aufbrechen will. Wenige Tage vor Aufbruch, wird ein junges Mitglied einer Familie durch ein Ungeschick schwer verletzt. Er ist nicht in der Lage, diese schwere Reise an zu treten.

Als die Sippe aufbrechen will, kann sich diese Familie dem übrigen Glan nicht anschließen, da ihr Junge die Anstrengungen nicht überstehen würde. Trotz des nahenden Winters beschließen die Sippenanführer noch eine Woche zu warten. Aber auch nach dieser Zeit würde er die Strapazen nicht überleben. Weiteres Abwarten würde das Überleben der ganzen Sippe gefährden. Als die übrigen Familien in den frühen Morgenstunden aufbrechen, bleibt die Mutter bei ihrem verletzet Jungen und hofft auf ein Wunder.
Die Lage ist aussichtslos. Ein überwintern in diesen Breiten würde alle das Leben kosten.
Alleine wäre der beschwerliche und gefährliche Weg, keinesfalls zu schaffen. Von Tag u Tag wird es kälter und die ersten Fröste überziehen das Land.
Eine Geschichte, über Zusammenhalt, Zuneigung, Mut und eisernem Willen.

Mallorcas Kraftplätze, Mit der Wünschelrute zu den Kraft- Plätzen der Insel Mallorca.

Mallorca einmal anders. Die Zauberinsel im Mittelmeer nicht nur auf den üblichen Landschaftsrouten der Touristen, sondern mit den Augen und allen Sinnen eines leidenschaftlichen Wünschelrutengängers betrachtet. Denn der Autor ist selbst Einer von dieser seltenen Spezies, ein besonders begeisterter und erfahrener. In diesem Buch nimmt er uns mit auf seine abenteuerliche Spurensuche. Seine einzigartigen Erfahrungen, die intensive Kommunikation mit Tieren, Pflanzen und Steinen, spannender geschildert als jeder Krimi, faszinieren. Aber auch die üblichen Reiseinformationen über die schönsten Buchten, die erlangen Strände, die pittoresken kleinen Dörfer, die Highlights der größeren Städte und die Glanzlichter der Insel- hauptstadt Palma werden nicht ausgespart. Neben der Beschreibung vieler Sehenswürdigkeiten, nimmt uns der Autor mit auf ausgewählte, von ihm persönlich durchgeführte Wanderungen. Anschaulich und nachvollziehbar vermittelt der Autor die Handhabung der Wünschelrute und den Gebrauch des Pendels. Mit Hilfe dieser uralten Techniken, die fast vergessen waren, ergeben sich ungeahnte Möglichkeiten. Sie eröffnen uns eine ganz neue Sichtweise, wir erleben dadurch wunderbare, manchmal unglaublich erscheinende Dinge und Begegnungen der besonderen Art. Dieser Reisebericht ist ein einzigartiges Geschenk. Der Zugang zu einer Welt, die einem bis dahin vielleicht fremd und unbekannt war: wunderbar bereichernde Erlebnisse und Erfahrungen, die auch in unser Alltagsleben ein-fließen werden.

Rana, und die alte Linde, Hüter des Orakels und des goldenen Amulettes.
Leben auf dem Kultplatz!

3.000 Jahre, die wechselvolle Geschichte eines Dorfes aus der Sicht der Bäume.

Dies ist die wechselvolle Geschichtete eines kleinen Dorfes. Sie beginnt etwa 1.000 Jahre vor Chr. Die Chronik des einstigen Kultplatzes wird von den nahen Bäumen am Waldrand erzählt.

Hierbei spielt die alte knorrige Linde eine besondere Rolle. Sie steht da seit Beginn der Zeit und hat so manches erlebt, all dies gibt sie in dieser Erzählung weiter. Sie hat die Aufgabe den Kultplatz zu schützen und die Geister der Finsternis zu vertreiben.

Vor 3.000 Jahren wird der junge Rana erstmals von seinem Vater Gunnar, der zur Sippe der Krähen gehört, mit zur alten Linde Heros genommen. Dort erfährt er von seinen besonderen Fähigkeiten mit Bäumen und Pflanzen kommunizieren zu können. Zwischen Rana und den Bäumen entsteht eine besondere Beziehung. Rana und sein Nachkomme sollen den Platz und seine Geheimnisse für immer schützen. In unserer Zeit wird Jakob, ein Familienvater, ohne sein Wissen von den Bäumen als Beschützer des Ortes auserwählt. Dabei soll ihm die Kraft des goldenen Amuletts helfen. Er soll den Kampf gegen die Mächte der Finsternis im Sinne Ranas weiterführen und endgültig für die Mächte des Lichts entscheiden.

Ein verbitterter Kampf um den einstig heiligen Platz.

Die Familie um Jakob gerät hierbei in Lebensgefahr.

Wird es gelingen diesen Ort zu befrieden?

Die letzten ihres Stammes

Im Bereich der Sagen umwobenen Mascaschlucht und den unzugänglichen Bergen und Schluchten Teneriffas verstecken sich seit hunderten von Jahren die Nachkommen der Guanchen.

Paul hat seit einer halben Ewigkeit nichts mehr von seinem Jugendfreund Robert gehört, als ihn plötzlich die Nachricht erreicht: Robert ist tot und er hat ihm sein Eigentum, eine verfallene Stein Hütte auf Teneriffa hinterlassen, wo er viele Jahre seines Lebens verbrachte. Paul entscheidet sich das Erbe anzunehmen und fliegt nach Teneriffa. Dort begegnen ihm die merkwürdigsten Ereignisse und er stößt in einem alten Tagebuch auf ein Geheimnis, das er nie für möglich gehalten hätte. Nicht nur er interessiert sich dafür, auch die spanische Regierung wird auf ihn und das Geheimnis aufmerksam.

Gibt es die in diesem Tagebuch von Robert beschrieben Ureinwohner tatsächlich. Wieso und warum verstecken sie sich dort und unternehmen alles ihre Existenz geheim zu halten?

Verse & Gedanken
Eine Sammlung von Gedichten, Versen und vielen Kurzgeschichten.

Kunstaktionen.
Eine Zusammenfassung ironischer, selbstkritischer und provokativer
Aktionen der letzten 25 Jahre.

Bilder und Skizzen.
Ein Resümee vieler Arbeiten aus zwei Jahrzehnten.
Öl, Acryl, Kohlezeichnungen und Radierungen.

Skulpturen.
Dreidimensionale Kunst aus Stein, Holz und Metall

land-art.
Vergängliche Kunst in und mit der Natur.
Die Königsdisziplin

Vita
Paulo Aktionskünstler und Autor.
1957 in der Nähe der Deutsch-Französischen Grenze geboren.
Mit 12 Jahren kreierte er seine ersten Holzskulpturen und nahm an Ausstellungen teil.
Texte und Gedichte folgten ab dem 17 Lebensjahr.
Kunst in Form von Bildern und Skulpturen begleitete in fortan.
Über die Jahre zahlreiche Einzel- und Gruppenausstellungen. Neben seiner handwerklichen Ausbildung mit vier Meistertiteln und zahlreichen Schulungen im In- und Ausland, zog es ihn 1984 nach Bayern.
Auf dem Gebiet alter, fast verloren gegangener Handwerkstechnicken war er ebenso, wie im Bereich der Kulissen-gestaltung- und Kulissen-malerei aktiv.

In Oberbayern lebte er 20 Jahre auf seinem Hof, auf dem er neben seinem beruflichen/künstlerischem Engagement mit seiner Familie, Ponys, Pferden, Ziegen, Schafen und Kaninchen ein Therapiezentrum für Kinder betrieb.

Heute lebt und arbeitet der Künstler in Bad Tölz. Hier widmet er sich voll und ganz seiner Passion der Kunst und des Schreibens. Gerade die Nähe der Berge, die Natur und der sich ständig wandelnde Fluss der Isar inspirieren ihn.

Er absolvierte er eine Schamanische und Geomantische Ausbildung.

Wikipedia: **Geomantie** oder *Geomantik* (altgriechisch] „Erde" „Weissagung", also in etwa *Weissagung aus der Erde*) ist auch eine Form des Hellsehens, bei der Markierungen und Muster in der Erde oder Sand, Steine und Boden zum Einsatz kommen. Heute ist die Geomantie im ursprünglichen Sinn in Europa fast verschwunden. Der Begriff wird heute für andere Methoden verwandt, zum Beispiel in Zusammenhang mit den sogenannten Ley-Linien, die eher dem chinesischen Feng Shui ähneln.

Die Lehre eines Shaolin-Mönchs und die Atempausen in Klöstern führten ihn weiter auf seinem Lebensweg.
Dabei erlernte er fast vergessene Methoden und Vorgehensweisen, unter anderem ganz bestimmte Traum Meditationen.
Durch die Fähigkeit sich in Tagträumen voll und ganz in die jeweiligen Schauplätze und die Protagonisten seiner Erzählungen zu vertiefen, gelingt es ihm, vielerlei verborgene Dinge zu spüren und zu sehen.

Seine Empfindungen, Erlebnisse, die Begegnungen und die Abenteuer, die er bei seinen Reisen erlebt, gibt er in seinen Büchern und Erzählungen weiter, die er neben seinen künstlerischen Arbeiten seit vielen Jahren verfasst.
Abenteuergeschichten, Romane, Science- Fiction und Märchen um Trolle, Zwerge, Feen, Elfen und zauberhafte Fabelwesen nehmen seine Leser mit in eine wunderbare Welt der Fantasie.

In vielen seiner Texte, Umwelt- und Friedensaktionen greift er ökologische, gesellschaftliche und soziale Themen auf. Er mischt sich seit über 30 Jahren aktiv ein und bezieht klar Stellung.
Seine Geschichten tragen oftmals eine geheimnisvolle, subtile und doch einfache Botschaft zum Schutz der Erde und der Welt, in der wir leben, in sich anregend, selbstkritisch, ironisch, spannend, anschaulich, zauberhaft.

Weitere Infos: www.erdpate.de

Bilder, Skulpturen, Friedens- und Umweltaktionen, land-art, Bücher

„Im Mittelpunkt meiner Arbeiten steht die Erde, die ich als eigenständiges
Lebewesen betrachte, sie ist für mich die Materialisierung der göttlichen
Existenz."
Die Erde ist vollkommen sie kann nicht verbessert werden.
Wer sie besitzen will wird sie verlieren.
Wer sie ausbeute wird sie zerstören.

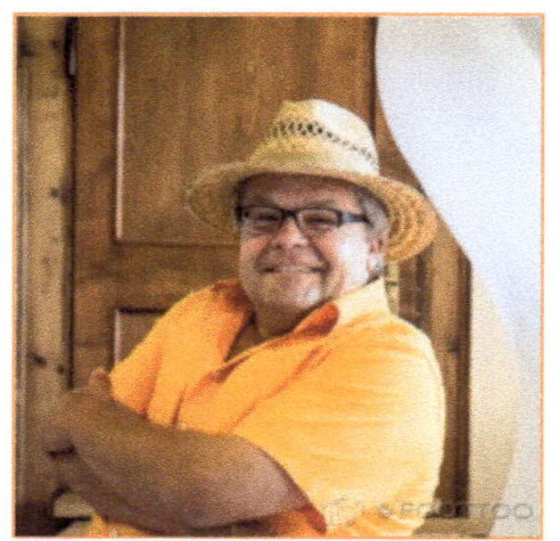

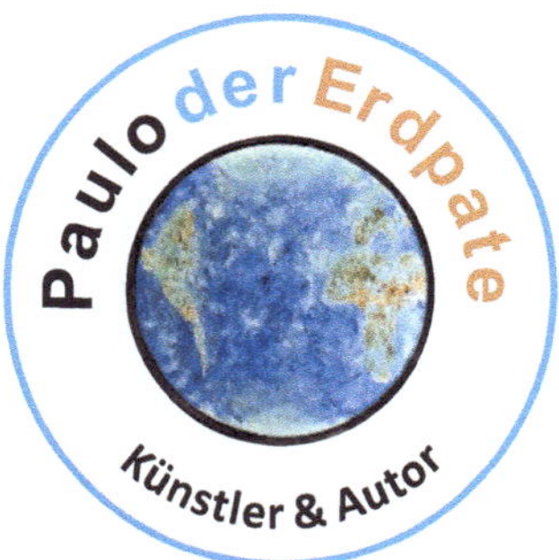

Weitere Infos: www.erdpate.de